島伝説

不思議の島 佐渡をたどる

古西洋

雲水の、すむにまかせてそのまゝに、
衆生諸仏も相犯さず、
山はをのづから高く、海はをのづから深し、
〔語り〕尽くす、山雲海月の心、
あら面白や佐渡の海、
満目青山、なををのづから、
その名を問へば佐渡といふ、
金の島ぞ妙なる

世阿弥著『金島書』
（『世阿弥　禅竹　日本思想大系24』）

刈り取られた田んぼで餌を探すトキの群れ＝2018年9月、新潟県佐渡市内（第1章参照）

世界文化遺産候補となった佐渡金山の象徴、道遊の割戸（南側）=2021年8月、佐渡市相川地区（第6章参照）

道遊の割戸の北側では金鉱脈の跡（中央の崖）を見ることができる＝2018年9月、佐渡市相川地区（第6章参照）

島内に35ある能舞台の一つ、大膳神社境内の舞台で島民によって演じられる「羽衣」＝2019年4月、佐渡市竹田（第３章参照）

秋の闇夜に浮かび上がる幻想的な薪能＝2020年10月、佐渡市原黒の椎崎諏訪神社（第３章参照）

厄よけの門付けをして回る鬼太鼓＝2020年４月、佐渡市金井新保（第４章参照）

前身の鬼太鼓座から半世紀を迎えた太鼓芸能集団鼓童の舞台＝2021年9月、佐渡市のアミューズメント佐渡（第５章参照）

世界農業遺産に認定された棚田が日本海を背に広がる＝２０２１年８月、佐渡市岩首地区（第２章参照）

住民によるトキ保護活動の聖地とされる棚田。人工飼育されたトキが次々と自然界に放たれた＝2020年９月、佐渡市生椿（第１章参照）

全島が日本ジオパークに指定されている景勝地で咲き乱れるトビシマカンゾウ＝2021年6月、佐渡市の大野亀（コラム④「全島ジオパーク」参照）

佐渡島から見る日本海に沈む夕日。天空が描く絵画に見とれる＝2020年11月、佐渡市の尖閣湾

島伝説

旅の者

北緯38度、東経１３８度の日本海に浮かぶ島がある。

その島では、日本産が絶滅してしまった特別天然記念物の野鳥トキが復活し、水辺で餌を取る姿が日常の風景になっている。この島にある施設でトキを人の手で飼育して繁殖させ、自然界に放つ事業が21世紀初頭に始まり、推定で５４５羽まで増えた。

一方、この島のそこかしこには江戸時代以降に建てられた能舞台が35カ所ある。東京23区の面積の１・４倍の広さを持つとはいえ、これだけの能舞台が集まっている島は他にないといわれる。それらの能舞台は単に遺跡や文化財として残されているのではない。今でも少なからぬ舞台で、島民たちによって神社への奉納や一般公演といった形で能や狂言が演じられている。

さらに能の影響を受けた伝統芸能の鬼太鼓《おんでこ》が集落ごとに厄払いの神事として受け継がれ

ている。ほかにも、民謡や人形芝居など多くの芸能が伝承されてきた。

その芸能の島に魅せられて島外からやってきた若者たちは半世紀前、太鼓芸能集団を旗揚げした。大小の太鼓を組み合わせ、笛や鳴り物も織り交ぜて迫力のある舞台を作り出し、日本だけでなく、50余りの国・地域で7千回を超す公演を重ね、数々の受賞歴を持つ世界的な芸能集団になった。彼ら彼女ら舞台メンバーと専属スタッフの拠点は今も島の森にある。

この島は行政上では新潟県佐渡市になる。幅数十キロメートルの佐渡海峡を挟んで本州本土と向き合っている。本土側にある新潟市の新潟港からはジェットフォイルと呼ばれる高速水中翼船によって1時間ほどで結ばれている。私は転勤で新潟市に6年余り暮らした間に佐渡島へたびたび観光客として訪れた。

そのたびに思った。なぜ、いったん絶滅した生き物が復活したのがこの島だったのか。なぜこんなに多くの能舞台が残っているのか。世界的な太鼓芸能集団はなぜこの島から世界に羽ばたいたのか。

2018年から3年半、今度は新聞記者としてこの島に暮らしながら取材をする機会を得て、それらの疑問の根源を探ると、トキの復活にしても、伝統芸能にしても、その先には、世界文化遺産候補となった佐渡金山が見えてきた。

佐渡金山を舞台にした小説『海鳴』を書いた作家津村節子は、この島について次のように表現している。

私が佐渡にひかれるのは、佐渡の自然が、芸能が、歴史が、私の中にわずかに残っている原始的な人間性をゆすぶるからである。

＝『みだれ籠 旅の手帖』(文春文庫)

佐渡島では島外出身者は「旅の者《もん》」と呼ばれる。この本は、「旅の者」だった一人の記者が佐渡島の不思議をたどってみた記録だ。お話を伺った方々の肩書や年齢は取材した当時のもので、本文では敬称を省かせていただいた。

目次

【第1章】

①両津港
②新穂行政サービスセンター
③佐渡トキ保護センター（新穂長畝）
　トキの森公園（〃）
④野生復帰ステーション（新穂正明寺）
⑤生椿
⑥野浦
⑦片野尾

【第2章】

⑧佐渡市役所
⑨岩首
⑩小倉千枚田

【コラム① 菅笠作り】

⑪秋津

【第3章】

⑫大膳神社（竹田）
⑬椎崎諏訪神社（原黒）
⑭金井能楽堂

【コラム② 天然スギの森】

⑮大佐渡石名天然杉

【第4章】

⑯羽茂大崎
⑰羽茂高校（羽茂本郷）
⑱畑野行政サービスセンター

【第5章】

⑲真野行政サービスセンター
⑳小木港
㉑鼓童村（小木金田新田）
㉒鼓童・柿野浦研修所

【コラム③ 車田植と博物館カフェ】

㉓北鵜島
㉔佐渡博物館（八幡）

【第6章・第7章】

㉕西三川砂金山
㉖鶴子銀山
㉗相川金銀山
㉘佐渡奉行所（相川広間町）

【コラム④ 全島ジオパーク】

㉙大野亀

【第8章】

㉚赤泊港
㉛加茂湖
㉜真野湾
㉝JA羽茂おけさ柿選果場（羽茂大橋）
㉞尾畑酒造学校蔵（旧西三川小学校）

【第9章】

㉟真野宮

【コラム⑤ 台湾との縁】

⑲真野行政サービスセンター

【第10章】

③トキの森公園

佐渡島マップ

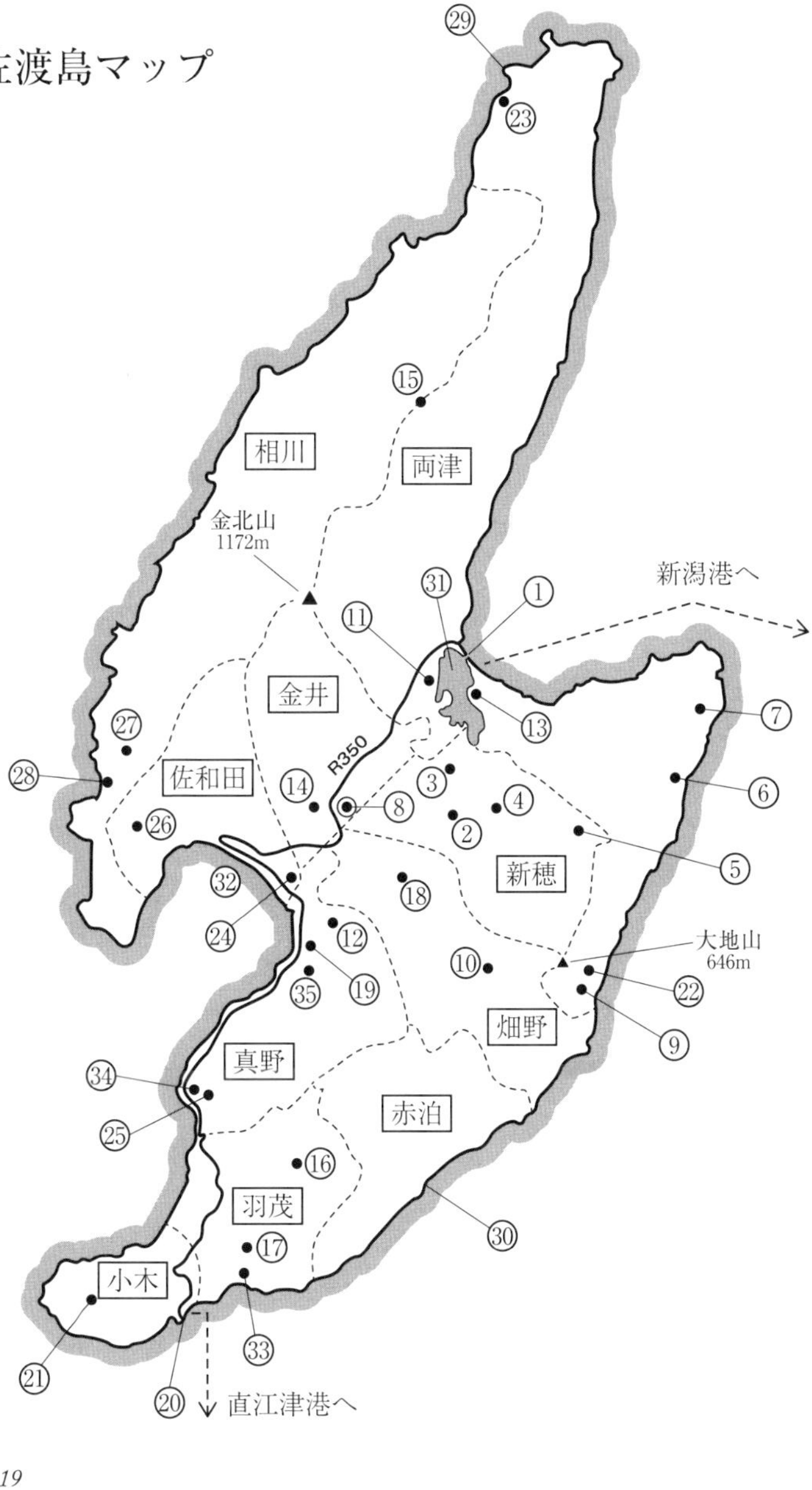
相川
両津
金北山
1172m
金井
佐和田
R350
新穂
大地山
646m
畑野
真野
赤泊
羽茂
小木
新潟港へ
直江津港へ
1
2
3
4
5
6
7
8
9
10
11
12
13
14
15
16
17
18
19
20
21
22
23
24
25
26
27
28
29
30
31
32
33
34
35

第1章　復活

トキ保護の歩み

1952年	国の特別天然記念物に指定
60年	国際保護鳥に指定
67年	新潟県佐渡トキ保護センターを開設して人工飼育を開始
81年	野生下で最後に生息していた５羽を捕獲、保護 中国で野生下のトキを発見
93年	種の保存法が施行
98年	中国の江沢民・国家主席（当時）が２羽の贈呈を表明
99年	中国から２羽が到着 日本で初めて人工繁殖によるひなが誕生
2003年	日本産最後のトキ「キン」が死ぬ
07年	佐渡島に野生復帰ステーション完成
08年	佐渡島で自然界への放鳥開始
12年	放鳥したトキから初めてひなが誕生
16年	野生下で生まれたトキのペアから初めてひなが誕生
23年	28回目の放鳥を実施

■モニタリング

午前5時を過ぎた。夜明け前の闇の中で、80メートルほど先の森は黒い塊となって静まりかえっていた。2018年9月、私は、放鳥された特別天然記念物のトキを追跡調査しているボランティアの土屋正起（68）に同行した。後部座席に乗せてもらった土屋運転の軽乗用車が止まったのは、佐渡島中央部にある佐渡市新穂《にいぼ》地区の田んぼのあぜ道だった。土屋がエンジンを止め、小声で「あそこの森がねぐらなんですよ」と教えてくれた。トキが現れるまで車内でじっと待つようだ。あめ玉の袋を取り出した土屋はそっと私に1個渡した。

森の奥から「グアッ」という鳴き声がかすかに聞こえる。「声がします。もうすぐ飛び立つな」と土屋。森の周辺に待機している仲間の監視員2人からの情報が無線機から入る。夜が白々と明け始めた。「3羽行きますよ」と土屋が双眼鏡を向ける。その先、ねぐらの森を飛び立ったトキの群れがあっという間に飛び去った。その後も1時間ほどの間に数羽ずつが飛び立った。

ねぐらのトキは全て飛び去ったようだ。土屋は車のエンジンをかけて移動し始めた。周辺の田んぼを3カ所回る。刈り取られた田んぼでは、トキの群れが特有の長いくちばしを地中に突き立てては餌をついばむ姿が見られた（4、5ページ参照）。中に交じって餌を探すサギもいるがトキは気にせずに一心に朝食を探す。土屋は車内からスコープでトキを見つめる。トキに装着された足環《あしわ》に記された個体番号を確認しては観察ノートに記録していく。通りかかった女性が窓越しに運転席の土屋に声をかける。島の朝のいつもの風景のようだ。

トキを観察するにはルールがある。特別天然記念物だからといって近寄ってはいけない。臆病な習性のトキを驚かせないように数十メートル離れた車の中から双眼鏡などで静かに観察することが習わしになっている。せっかく自然の中で復活したトキに余計な負荷をかけてはならないからだ。環境省や佐渡市も「トキのみかた」と呼んで徹底を呼び掛けている。「味方」と「見方」をかけた駄じゃれ風のキャンペーンに聞こえる。私も佐渡自然保護官事務所を最初に

餌を探すトキの群れ。佐渡島では日常の風景になっている＝2018年9月、佐渡市内

訪れたときに、首席自然保護官から「トキのみかた」と書かれた車用のステッカーを渡された。そのステッカーはそれ以後、車のボディーに貼っている。

土屋の本業は、地下のタンクを検査する「土屋オイルサービス」代表だ。出張などで島を離れるときを除いてほぼ毎日、「モニタリング」と呼ばれるトキの追跡調査を続けてきた。土屋は新穂地区で生まれ育った。旧両津市（現佐渡市）にあった新潟県立両津高校では野鳥部に入った。そこで顧問の佐藤春雄教諭（故人）の指導を受けた。佐藤は後述するが、一人の民間人としてトキを保護し、その生態を研究した人物として知られる。

土屋は東京からUターンしたのち、トキの野生復帰事業に民間ボランティアとして関わるようになった。2017年度には野生生物保護功労者として環境大臣賞を受けた。恩師の佐藤が結成した「佐渡トキ保護会」を受け継いで会長を務める。保護会では土屋が追跡調査の傍ら撮りためた四季折々のトキの姿をもとにカレン

自然の中のトキを追跡する土屋正起さん＝2018年9月、佐渡市内

ダーを制作し、その販売収入を活動資金に充ててきた。

それにしても疑問が膨らむ。金銭的な利益のない、こうした島民の地道な保護活動は、単なるボランティア精神だけでは理解できない。この島のどのような風土と歴史が背景にあるのだろうか。

■絶滅から復活への歩み

学名「Nipponia nippon（ニッポニア・ニッポン）」のトキはペリカン目トキ科の野鳥だ。学名からして日本を象徴する鳥とされてきたが、19世紀ごろまで東アジアで広く生息していた。しかし、鮮やかな紅色が空に映える羽根は、その美しさが災いして矢羽や羽箒《はねぼうき》、毛針、装飾品に使われた。乱獲と環境破壊によってトキは数を減らし、20世紀にはほぼ絶滅の状態に陥った。

1908（明治41）年、トキは保護鳥となり、1934（昭和9）年に国の天然記念物に、さらに1952（昭和27）年に特別天然記念物に指定されて今日に至っている。

追い詰められたトキの最後の生息地が佐渡島だった。新潟県は1967年に佐渡島に佐渡トキ保護センターを設け、保護のための人工飼育を始めた。その島で、トキの保護を手掛けたのは前出の高校教師佐藤春雄といった島民だった。佐渡市の「トキの森公園」にあるトキ資料展示館には、「保護に尽力した人々」として佐藤のほかに、川上久敬（旧新穂村教育長）、近辻宏帰（初代佐渡トキ保護センター長）、金子良則（同センター獣医師）、菊池勘左ヱ門（旧新潟県立両津高校長）らの業績が展示されている。

1981年には島の自然界に残った最後の5羽を捕獲し、保護センターで人工繁殖を試みたが成功せず、2003年、国内産最後のトキ「キン」が死亡して日本産は絶えた。

起死回生の助け舟を出したのは中国だった。中国でもトキは絶滅したと見られていたが、1981年に陝西《さんせい》省洋県の山中で7羽のトキが見つかった。日本で自然界に残った最後の5羽を捕獲して保護した年だった。中国政府は保護政策を開始し、すでにトキの保護にあたっていた日本側とも連携した。

日本での保護政策の転機は1993年に施行された「種の保存法」だった。この法律は「野生動植物が、生態系の重要な構成要素であるだけでなく、自然環境の重要な一部として人類の豊かな生活に欠かすことのできないものであることに鑑み、絶滅のおそれのある野生動植物の種の保存を図ることにより、生物の多様性を確保するとともに、良好な自然環境を保全し、もって現在及び将来の国民の健康で文化的な生活の確保に寄与することを目的とする」とうたう。

種の保存法に基づく野生復帰事業としてトキ保護増殖事業計画が策定された。この事業を担う環境省は佐渡島を舞台に選び、保護政策で先行していた新潟県や佐渡島内の自治体（2004年の島内10市町村合併によって佐渡市に統一）、民間保護団体、新潟大学らと協力しながら取り組んだ。

こうしてトキの野生復帰が国策として進められた最中の1999年、中国から日中友好の象徴としてつがいの2羽が提供された。

環境省が配布したステッカー

尽力したのは当時の新潟県知事、平山征夫だった。平山は回顧録『終列車出発す！』で顛末《てんまつ》を明かしている。佐渡島の対岸に位置する新潟県柏崎市出身の平山は日本銀行新潟支店長などを経て1992年に新潟県知事に就任した。平山は中国からトキの提供を受けようと日中両国の公式ルートなどで陳情を繰り返したが、難航していた。たまたま佐渡島に遊びに来ていた知人の大学教授が当時の江沢民首席の警護責任者、由喜貴《ユキキ》の娘婿だった。平山はそのつてを頼って中国へ赴き、由に会って要請したという。

佐渡トキ保護センターで飼育されたこのペアからこの年、待望のひなが誕生した。人の手によるトキの繁殖は初めてのことだった。このあとも中国から3羽が提供され、これらの中国産5羽から子孫が増えていった。さらに、2018年、遺伝的多様性を確保するため、11年ぶりに佐渡トキ保護センターに雌と雄の2羽が提供され、日本生まれの雄、雌との各ペアからひなが誕生した。また、中国から最初に提供されたペアから国内で初めて生まれた優優《ユウユウ》（22歳）は人間なら80代に当たるが、2021年には、雌（7歳）との間に誕生したひなが巣立った。飼育下で巣立ったひなの親鳥として最高齢記録の更新となった。

■佐渡島の自然界への放鳥

人工繁殖から放鳥までの流れは次のようになっている。

飼育施設は全国7カ所に分散している。1カ所に集中していると感染症によって飼育中のトキが全滅する危険があるからだ。7カ所は、環境省と新潟県が共同で管理する佐渡トキ保護センターと野生復帰ステーション、佐渡市が運営するトキふれあい施設（いずれも佐渡市内）、新潟県長岡市の飼育センター、東京都の多摩動物公園、石川県のいしかわ動物園、島根県出雲市の飼育センターだ。これらの飼育施設では生まれたひなを育て、成鳥になった個体群から放鳥する個体を選んで、佐渡島の野生復帰ステーションにある順化ケージに集める。

順化ケージは奥行き約80メートル、幅約50メートル、高さ約15メートルの金網で覆われた巨大な空間で、さながらゴルフの練習場ようだ。内部には林や田んぼなど、放鳥されたトキが暮らす自然界が再現されている。これまでは飼育員がケージまで餌を運んでくれたので何もせずに食べることができた。自然界では、自力で餌

放鳥するトキが訓練を受ける順化ケージ。放鳥後にトキがいなくなると市民に公開される＝2018年11月、佐渡市の野生復帰ステーション

を取ったり、天敵から逃れるために早く飛んだりするといった術《すべ》が必要だ。そのため、順化ケージでは「籠の鳥」から脱却して自然界で生きてくための訓練が約3カ月間続く。

放鳥は年2回、通常、気象条件の良い6月と9月に行われる。放鳥には、島内の生息候補地まで車で運んで放つハードリリース方式と順化ケージの扉を開放してトキが自然に飛び立つのを待つソフトリリース方式の2通りがある。

2008年に秋篠宮ご夫妻を迎えて始まった佐渡島での放鳥はほぼ年2回のペースで続き、2023年6月の時点で28回を数えた。放鳥された個体は計475羽に上る。自然界での繁殖は順調で自然界に生息するトキは推定545羽（2022年末）まで増えた。生き残った放鳥個体数よりも野生化で生まれた個体数の方が上回っている。

トキの野生復帰事業には、国費だけでも毎年度1億円以上が投じられている。

佐渡島の環境と島民らの努力が実ってトキの野生復帰事業は順調に推移してきた。環境省はこの「佐渡モデル」を全国に広げようとしている。だが、佐渡島でトキがさらに定着するためには、猛禽《もうきん》類などの天敵から逃れるほかにも越えなければならない壁がある。

それは、佐渡島で復活したトキの群れが「遺伝的多様性」を確保できるかどうかという点だ。トキ復活のプロジェクトに関わってきた永田尚志・新潟大学佐渡自然共生科学センター教授は温暖化といったこれから予想される環境の変化に対応するためには、この遺伝的多様性を持つことが重要だとみていた。永田によると、遺伝子の多様性を示すいくつかの指数で比較すると、日本で生息するトキは中国のトキと比べて3分の2しかない。現在のトキはほとんどが中国から提供された5羽の子孫であり、近親交配が重ねられたためと考えられる。永田は「一般的に、環境変化に対応できる遺伝子が少ない上に弱有害遺伝子を持った個体同士が交配すると、個体群が絶滅することが起こりうる。とくに近親交配の系統は絶滅する可能性が高いので近親交配を防ぐことが必要」と語った。

■野生復帰を見守る人々

野生復帰事業は放鳥で終わるわけではない。放鳥された個体には足環が付けられ、さらに羽根には識別用のマークが塗られる。環境省は前述の土屋のような民間ボランティアの力も借りて1羽ずつ追跡調査を行う。

拠点となっているのは、環境省佐渡自然保護官事務所だ。ここに「レンジャー」と呼ばれる2名の自然保護官が常駐し、新潟県の専門スタッフらと共同作業で取り組んでいる。

現地で陣頭指揮に当たるのはそのうちの一人、首席自然保護官だ。２０１９〜23年にかけて務めた澤栗浩明（39）は４代目だった。佐渡島の対岸、新潟市の出身で小学生のときにトキに関する本を読んで感想文を書いた。トキは佐渡島だけでなく、新潟県を象徴する存在でもあり、上越新幹線の列車名にもなった。澤栗少年は人間の影響でトキが絶滅の危機にあることにショックを受けたという。進学した北海道大学大学院で環境資源学を専攻し、環境省に就職して国立公園や本省勤務などを経て初めて佐渡にやってきた。

２０１９年にはもう一人の自然保護官、松本恵里（25）も赴任した。環境省によると、この時点で自然保護官は全国に３８７人いて、松本を含め女性は３割だった。松本は大阪市の出身だ。街中で育ったため自然に憧れ、山歩きが好きな子だった。父親が購読していた天然記念物に関する雑誌を読み、トキのように生息地を脅かされる生き物がいることを知り、自然環境の保全に携わりたいと思うようになった。進学した東京農工大学では森林の水循環を専攻。卒業後、環境省に入り、本省と北海道勤務を経て初めて佐渡島にやってきた。

佐渡自然保護官事務所は同年９月、21回目のトキ放鳥を佐渡島東部の海岸地帯、片野尾《かたのお》地区で実施した。松本は「棚田の上に広がる青空にトキが飛んでいった光景が忘れられな

絶滅する前の日本産トキが最後に生息したとされる佐渡市片野尾地区で放鳥されるトキ。市長らが見守る中、保護活動を行ってきた住民らが放鳥箱を開けた＝2019年9月

モニタリング画面を背にする環境省の松本恵里・自然保護官＝2019年10月、佐渡市の佐渡自然保護官事務所

いんです。絶滅前の最後の5羽が生息していた土地で、保護に尽くした住民の方々は泣いていました。私も目が潤んで……」と振り返った。着任した5月はトキの繁殖期の真っただ中。野生下の生態を追跡するモニタリングでは、上司の澤栗らとともに、夜明け前からねぐら周辺に潜む日々が続いた。松本は「かつて乱獲で絶滅したトキは臆病といわれています。でも、強風にもかかわらず懸命に餌を取る一面もあるんですよ」と語った。初めて住んだ佐渡島では住民が伝承する能楽に魅せられた。自らも仕舞を習い始め、初舞台も踏んだ。

■島民によるトキ保護の歴史

国内産のトキが最後に生息していた土地が佐渡島だったため、この島が野生復帰事業の舞台に選ばれた。だが、その背景には、戦前にまでさかのぼる島民によるトキ保護の歴史があった。その中でも「聖地」とされる場所があり、そのひとつ生椿《はえつばき》地区でハードリリース方式による放鳥があると聞いて取材に出かけたのは2020年9月だった。

佐渡島の玄関口、両津港から南東に約8キロの小佐渡山地。県道からの分岐点では、自動車1台がやっと通れるほどの幅しかない橋を渡らなければならない。しかも橋には欄干がなく、恐る恐る車を徐行して渡った。そのあとは曲がりくねった林道が続く。

ようやく周囲が開けて標高約340メートルの生椿に着いた。棚田の一角に設けられた放鳥場所には、野生復帰ステーションから1羽ずつ入れて運んできた九つの箱が置かれた。餌場作りに尽力してきた市民ら18人が次々に箱の扉を開け、9羽のトキが放たれた。その一人、農業高野毅（76）は父高治の遺影を掲げていた。そして心の中で叫んだ。「おやじ、見たか」（9ページ参照）

10戸ほどの集落だったこの地で1931（昭和6）年、すでに希少種となっていたトキを27羽確認したのが高治だった。高治はトキの生息地域を調べたり、自分の水田に餌となるドジョウやタニシをまいたりして保護活動を始めた。さらに有志と愛護会も設立した。保護活動の経緯をまとめた佐渡市の資料では、高治を「トキ保護活動のキーパーソン」と評している。

新潟県が佐渡トキ保護センターを設置すると、高治は農業の傍ら、嘱託職員としてセンターでトキの飼育に携わった。前述のように1981年、環境庁（当時）は野生での最後の5羽の捕獲に踏み切った。そんな中で高治は日本産最後のトキとなる「キン」の飼育にも関わった。

生椿地区の住民も、平成時代、高治一家が約6キロ離れた島の平野部に引っ越したのを最後にいなくなった。そして1997年、高治は84歳で死去した。亡くなる2カ月前、家族が生椿に連れて行くと、かつてトキが群れた辺りを見ながら、「元気なうちにもう一度見たかった」と語ったと毅は明かした。

父の遺志を継いだ毅は生椿に通っては、餌となる生物が生きていける減農薬の田やビオトープを整備し続けた。さらに、元住民らと「生椿の自然を守る会」もつくった。この活動の輪は島内外に広がってボランティアがやってくるようになり、コロナ禍で野外活動も制限されるようになる前の2019年には約30人が訪れたという。

トキの野生復帰事業は順調に進んできたが、生息地域が島の平野部に偏っている。このため環境省は、平野部にある佐渡トキ保護センター野生復帰ステーションのケージから放つ「ソフトリリース方式」だけでなく、繁殖のためのねぐらの確認されていない場所まで運んで放鳥する「ハードリリース方式」を2018年に再開した。

前出の澤栗首席自然保護官は「保護の歴史がありながら、今はねぐらのないこの地域に生息域を広げたい」と語った。放鳥を終えた毅は「再びコロニー（集団繁殖地）を作ってほしい」と語った。毅は保護活動を続け、2021年、トキ保護の功績を認められ、環境大臣表彰を受けた。

ねぐらを調べ、餌となるドジョウやタニシを水田にまいてきた聖地はほかにもある。2021年9月に放鳥された島東部の野浦《のうら》地区もそうしたトキ保護の「聖地」の一つだ。住民はビオトープ（人工の餌場）を作ったり、棚田では農薬を通常の7割から5割減らしたりしてきた。集落の神社ではトキとの共生を誓う「朱鷺《とき》祈願祭」も続いている。

島民による保護の歴史が語り継がれ、やがて世の中の環境保護の機運と行政が後を追った。だが、トキを自然界に復活させるにはそれだけでは足りなかった。

第2章　世界農業遺産

■朱鷺と暮らす郷

東京都世田谷区成城の住宅街にある区立明正《めいせい》小学校。新学期が始まって間もない2021年9月のある日、給食の時間がやってきた。約860人の児童が頬張るご飯は佐渡産コシヒカリ「朱鷺《とき》と暮らす郷《さと》」だ。

校内で給食を調理している明正小では、2021年度から米飯給食の白米に「朱鷺と暮らす郷」を使い始めた。「佐渡のお米はおいしい」と取引先の米店に薦められたからだ。

この米が、特別天然記念物トキの野生復帰に貢献してきたことは、全国的にはほとんど知られていなかった。注目されたのは、国連食糧農業機関（FAO）からその功績が評価され、2011年に佐渡島が石川県の能登半島とともに、世界農業遺産（GIAHS）に認定されたからだ。

世界農業遺産とは、社会や環境に適応しながら何世代にもわたり継承されてきた独自性のある伝統的な農林水産業と、それに密接に関わって育まれた文化、ランドスケープ及びシースケープ、農業生物多様性などが相互に関連して一体となった、世界的に重要な伝統的農林水産業を営む地域（農林水産業システム）であり、国際連合食糧農業機関により認定されます――農林水産省の公式サイトにはこう説明されている。それによると、2023年7月の時点で世界24カ国78地域が認定されている。このうち日本では15地域を数える。佐渡島と能登半島の認定は日本で初めてだっただけでなく、先進国でも初めての栄誉だった。

2021年夏に私の取材を受けてこの経過を知った明正小の教師は「その物語に感動しました」と語った。明正小では翌2022年3月、約400キロ離れた佐渡島の田んぼと教室をオンラインで結び、食育授業も行った。稲作をしない冬の田んぼには通常水はなく乾いている。だが、佐渡島の田んぼでは水が張られて池のようになっている。トキの餌となるドジョウなどの生き物を絶やさないためだ。都会で生活する児童たちはインターネットを介して自然との共生の現場を学んでいた。

■危機から生まれたトキ認証米

佐渡市が「朱鷺と暮らす郷」の認証制度を始めたのは2008年だった。環境を保全するための厳格な条件で栽培された米を、ブランド米として認める仕組みだ。世界農業遺産に認定される3年前だった。

きっかけは、2004年夏に佐渡島を襲った台風による被害だった。水稲の収穫量は半減し、1等米の比率は17%に落ちた。新潟県内の米売り場から佐渡産が消え、その後も2005～07年は毎年、生産量の実に2割が売れ残った。価格も落ち込んだ。このままでは農家の生産意欲が減り、離農が増えて農地が荒れる。この年に佐渡島内の全10市町村が合併して佐渡市が発足した。その初代市長だった高野宏一郎（82）や農協は危機感を募らせた。そのとき、高野市長らが注目したのがトキの野生復帰事業だった。自然界にトキを放鳥しても、ドジョウやカエル、虫などの餌がなければ野生下では増えていかない。ところが、餌の確保にはビオトープ（人工の餌場）だけでは足りなかった。島内に広がる田んぼを、餌となる生物のすめる場に戻すことが必要だ。「生きものを育む農業」は環境保護を求める消費者の支持も得るはずだ。こう考えた高野らが実現させたのが「朱鷺と暮らす郷」認証制度だった。

認証制度の定義は「佐渡市内で生産され、生きものを育む農法で栽培された米」と市が認めるものだが、条件は厳しいものだった。主な条件は、

① 農薬や化学肥料を5割以上減らす

② 除草剤をまかない
③ 田んぼで生きもの調査を年2回行う
④ 生きもの保護の水路設置や冬場の引水といった五つの技術要件を一つ以上実施する、

などだった。

売り上げの一部はビオトープ整備などに使う基金に寄付されることにした。これによって、消費者もトキの野生復帰に貢献できることになる。高野の記憶では、「朱鷺と暮らす郷」という名称は広告会社の提案で決めたという。通称名は「トキ認証米」となった。

高齢化が進む農家にとっては認証の条件は厳しいものだ。佐渡市は普及のため、認証した生産者に交付金を支給した。JA佐渡は集落ごとに農家向けの説明会を開いて理解と協力を求めた。JA佐渡営農事業部長の渡部学（51）は「理解を得るため、何度も足を運んだ集落もあった。佐渡の米をなんとか売れるようにしたいという危機感から環境保全型農業にかじを切った」と当時を振り返った。

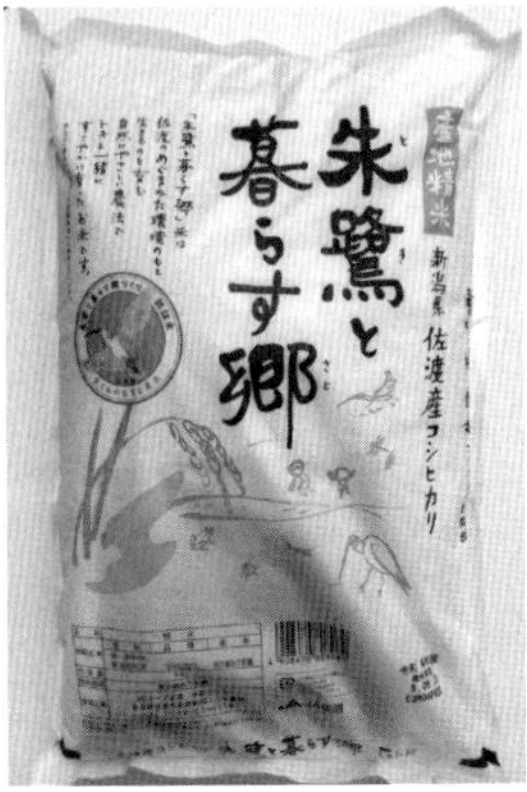

トキ認証米

■大手スーパー販売でブランド化

佐渡産米の再興に向けて行政と生産者が一体となった態勢はできた。次の壁は、消費者にどう売り込むかだった。

東京に本社を置く米の販売促進会社「グレイン・エス・ピー」は、約40年にわたって生産者と販売業者を仲介してきた。２００７年ごろのことだった。「佐渡島の役人が飛び込んできて『佐渡産米を売り出したいからお願いしたい』っていうんですよ」と会長の八木俊明（82）は語る。

「島の役人」は、佐渡市農業振興課生産振興係長（当時）の渡辺竜五（56）だった。２００８年から売り出すことになった「朱鷺と暮らす郷」を担当していたが、佐渡島で生まれ育ち、市町村合併で佐渡市が誕生する前の旧相川《あいかわ》町役場に就職して以来、公務員一筋の渡辺に営業の経験はなかった。米の品質には自信があったが、販売業者にどう売り込むか。悩んだ末に仲介業者を頼ったのだった。

八木の紹介でたどり着いた先は、スーパー大手のイトーヨーカ堂だった。私が取材した２０２１年、加工食品担当マーチャンダイザーだった北川哲也によると、ＣＳＲ（企業の社会的責任）の観点から、トキが生息できるほどの環境を維持していく「自然共生米」という考えに共感したという。

佐渡産米「朱鷺と暮らす郷」は、主に首都圏に展開する約100店に並んだ。「試食販売によってお客さまに説明し、共感を得てきました」と北川は話す。同社ホームページでは「農薬・化学肥料を通常の半分以下に抑え、しっかりとした食感とかみしめるほど口の中に広がる甘みが自慢のコシヒカリ」とうたっていた。

兼業農家である渡辺は佐渡市役所の総務課長などを勤めたあと退職、一時観光会社の役員を務めた。その後、2020年の市長選に出馬。トキ認証米制度の実現などを実績として訴えて4代目市長に当選、就任した。渡辺は「イトーヨーカ堂に販売していただいたことで、全国的には無名だった佐渡産米がブランドとして認知される大きなきっかけになった」と振り返る。佐渡市のホームページによると、「朱鷺と暮らす郷」の取扱店は全国約280店舗に上る（2021年9月時点）。

収穫の秋を迎えた2021年10月、佐渡市新穂《にいぼ》青木の田んぼアート会場に生産者や子どもたち、販売業者らが集まった。秋の日を浴びる田んぼには、観賞用米など8色の稲を使ってトキと共生する農民の姿が描かれている。生産者と佐渡市らでつくる「朱鷺と暮らす郷

トキの放鳥10周年を記念して田んぼアートで開催された稲刈りイベント＝2018年10月、佐渡市新穂青木

づくり推進協議会」が２０１７年から毎年開いてきた稲刈りイベントだ。会場では、「朱鷺と暮らす郷」を販売してきた関東信越の７生協でつくるコープデリ連合会から佐渡市トキ環境整備基金に約３４３万円の寄付があった。受け取った渡辺市長は「佐渡米を応援していただき、深く感謝します」と述べた。

　ただ、全国的な米作りの苦境から佐渡島も例外ではない。「朱鷺と暮らす郷」の耕作面積が佐渡市内で最大の農事組合法人「長畝《ながうね》生産組合」は、収穫量の半分を関東と関西の計60店の米店に卸している（２０２１年９月時点）。理事の大井克巳（57）によると、価格は当初より15％下がった。「米価の下落は米全体の問題ではあるが、世界農業遺産は佐渡産米の付加価値を上げるほどではなかった」とみる。

佐渡市によると、生産者256人、耕作面積426ヘクタールでスタートした「朱鷺と暮らす郷」は、3年後に685人となり、面積は1307ヘクタールと市内の水稲全体の2割を占めるまでになった。しかし、佐渡市は急激な人口減と高齢化が止まらず、その後は生産者数も耕作面積も減少傾向が続いている。

生産者はどのような思いを抱いて田んぼに出ているのだろうか。

■手を抜けない「生き物を育む農業」

収穫の秋、佐渡島で車を運転しているときだった。突然、道路がトンボの群れで覆われた。道路の前方が遮られ、フロントガラスにトンボの群れが当たりそうになる。衝突を避けようとするため、ノロノロ運転を強いられた。

島中央部の国中《くになか》平野には見渡す限り田んぼが広がる。佐渡市が認証する「朱鷺と暮らす郷」など、農薬や化学肥料を減らし除草剤を使わないといった「生きものを育む農業」の実践が、大量のトンボを生む要因の一つとみられる。思わぬところで、それを体感することなった。

農業法人「齋藤農園」の代表を務める齋藤真一郎（59）にこの体験を話すと、「時速40キロ以下で走ればトンボはよけられる。人間の方も安全でしょ」と笑われた。

戦前から島民によるトキ保護の歴史を持ち、佐渡トキ保護センターも設けられた旧新穂村（現佐渡市）に齋藤は生まれ育ち、実家の農業を継いだ。齋藤農園では約40ヘクタールの農地で稲作を中心に果物や野菜などを生産していた。

このうち、10ヘクタールを「朱鷺と暮らす郷」の栽培に充てていた。収穫した米は農協に卸すほか、首都圏などの個人客に直売もしていた。

齋藤によると、佐渡島では1970年代ごろから有機農業による米作りの試みがあった。その島で特別天然記念物トキの野生復帰事業が本格化した。齋藤は、トキが野生でも餌を取れるような環境をつくるため、2001年に仲間6人と「佐渡トキの田んぼを守る会」を結成した。会員は市内の農家22人に増えた。「朱鷺と暮らす郷」の認証制度にも当初から参加した。2020年の佐渡市長選では、認証制度創設を担当した渡辺竜五候補の後援会長を務めた。

佐渡島の田んぼでは、炎天下、人力で雑草を刈る光景が目立つ。生きものを育む農業は手間がかかるが、約400の農家や農業法人が「朱鷺と暮らす郷」を作り続けている。それ以外に、認証されていなくても農薬や除草剤などを控える田んぼは多い。なぜか。齋藤は「いまさら後戻りはできない。環境を守るために手は抜けないんです」という。

トキの野生復帰に貢献してきた田んぼを視察する「日本の生態系を取り戻す議員連盟」の国会議員たち。右から3人目が案内した齋藤真一郎さん＝2020年10月、佐渡市新穂青木

前出の佐渡島の田んぼをオンラインで結んで食育授業を行った東京の明正小学校。田んぼに立って講師を務め、環境を守ることはトキだけでなくヒトにとっても重要であることを説明したのも齋藤だった。

世界農業遺産の視察は絶えない。国会議員でつくる「日本の生態系を取り戻す議員連盟」の6人は2020年10月、農薬をあまり使っていない佐渡島の田んぼを訪れた。飛来するトキに感嘆の声を上げる国会議員らに対し、案内した齋藤は静かに語った。「かつて乱獲によって日本のトキは数を減らした。最後に、農薬などを使って農地から餌となる生きものを失わせた農業が絶滅に追い込んだといわれています」

会長の小渕優子衆院議員は「失われた生態系を取り戻したことに感銘を受けました。次の世代に残していくことが私たちの使命」と応じた。

だが、島には存続が危ぶまれる田んぼが横たわる。

■存続が危ぶまれる棚田にボランティア

2021年8月。佐渡島の南東部、岩首《いわくび》地区の棚田からは、快晴の佐渡海峡を挟んで約50キロ離れた新潟市の高層ビルが見渡せた。そこで、東京からやってきた東京理科大学の学生4人が、雑草や竹を刈ったり駐車場の看板を作ったりして汗を流していた（9ページ参照）。

佐渡島の里山には104カ所に棚田が点在する。後述のように、江戸時代に幕府の財政を支えた佐渡金山には全国から人々が集まり、鉱山町が形成された。その食糧を確保するには平野部だけでは足らず、山間部も開墾された。棚田も世界文化遺産候補となった佐渡金山の遺産といえる。

その棚田でも、農薬や化学肥料を減らし、除草剤を使わない農法が採り入れられている。しかし、機械化が難しい上、高齢化が進む農家には負担が重くのしかかる。そこで、ボランティアたちが棚田の整備のために島内外から駆けつけている。

私が取材した学生たちは、関東の学生でつくる「フレンド・インターナショナル・ワーク・キャンプ」の所属ということだった。先輩が岩首地区で地域おこし協力隊員として働いていた縁で、感染防止に気を配りながら6日間の作業をしにやってきた。その一人は「傾斜地での作業はきつい。お年寄りには大変だと実感しました」と日焼けした顔で話した。

民間の支援はボランティアにとどまらな

棚田の整備に東京から来た学生たちと大石惣一郎・岩首談議所代表（手前）＝2021年8月、佐渡市岩首地区

い。後述する佐渡市の尾畑酒造は、岩首の棚田米を原料にして日本酒「龍のめぐみ」を造っている。この酒を買うことで、消費者も棚田の保全を助けられる仕組みだ。

ボランティア受け入れは、廃校舎を再利用した集落の交流施設、岩首談義所が拠点となっていた。代表の大石惣一郎（69）は、自らも岩首で先祖伝来の棚田を耕し、佐渡棚田協議会の会長も務めている。

棚田は農産物を供給するだけでなく、土砂崩れを防ぎ、水を蓄え、多様な生物を育み、環境を保つ機能を持っている。2019年施行の棚田地域振興法は、棚田を残すため、国と地方自治体に政策の策定と実施を義務付けている。棚田地域には、国の中山間地支援制度の交付金に加算措置が講じられるが、佐渡市内の対象地域は岩首地区だけだ。

果たして、高齢化の先に棚田を守れるのか。大石は「世界農業遺産に登録されても、棚田の衰退は止まらない。法律はできたが、存続のための政策は実現していない。観光客は来るが、農道をふさいで迷惑にさえなっている」と語る。

■島内外から応援団

5月下旬。佐渡島では、自分で育てた苗などを泥まみれになって植える子どもたちの姿が見られた。米作りを通して生物多様性や環境について学ぶ「佐渡Ｋｉｄｓ生きもの調査隊」だ。草取り、生きもの調査、稲刈りと活動は一年中続く。

調査隊は「朱鷺と暮らす郷」の認証制度と同時に始まり、佐渡市が一般社団法人「佐渡生きもの語り研究所」に運営を委託している。市によると、参加した子どもは延べ402人に上る（2020年時点）。中にはその後、学生となったときに佐渡市農業政策課で就業体験をした少年もいた。

調査隊の活動は、田んぼに入る機会の減った子どもに体験の場をつくる狙いもある。研究所の理事長で山形県出身の仲川純子（64）は、高校教師の夫の故郷である佐渡に移住して子どもを育てた。市内のトキの森公園に勤めた縁でトキの保護活動に加わり、2002年にボランティアグループ「トキどき応援団」を始めた。

仲川は語る。「島の子どもたちは島外に進学したり、就職したりすると、佐渡出身であることを恥ずかしく思う傾向がありました。トキが生息している環境を誇りに思ってほしかったんです」

トキの森公園がある新穂地区には、住民約40人でつくる「潟上《かたがみ》水辺の会」がある。ビオトープを整備するボランティア活動を続けてきた。

代表世話人の板垣徹（77）はJA佐渡の元理事長だった。前出のとおり、トキ認証米制度を佐渡市と進めたJA佐渡にあって、農薬や化学肥料を減らす農法の普及に努めた。

板垣は高校を卒業して佐渡島を出る典型的な島の若者だった。早稲田大学に進んで演劇活動に参加したが、学生運動を経て中退し、東京の下町で自動車整備の仕事に就いた。子どもが生まれるのを機に「育てるなら佐渡の環境で」と故郷に帰り、農協に再就職した。

板垣は、トキ保護に関わる行政と新潟大学、ボランティア団体、地元経済界らが一堂に会してトキ保護の在り方を話し合う「人・トキの共生の島づくり協議会」の会長も務める。トキ保護の生き字引的な存在だ。板垣は「トキの野生復帰事業について、当初は島民の中に冷めた見方もあったが、自然の中への放鳥と『朱鷺と暮らす郷』の認証制度ができて意識は変わりました」と振り返る。

応援団は島の外にも広がっている。

農林水産省は2021年、「みどりの食料システム戦略」を発表し、農薬や化学肥料の

棚田を守るためオーナー制度が設けられた小倉千枚田＝2021年9月、佐渡市小倉地区

低減、有機農業拡大などの政策目標を打ち出した。世界農業遺産の認定から10年、佐渡島が続けてきた農業に追い風が吹くのだろうか。

その希望は、小佐渡山地の急斜面に並ぶ棚田「小倉《おぐら》千枚田」でも見られる。開拓は江戸時代。島の棚田の象徴とされながら耕作放棄地となっていた状況を見かね、新潟県と佐渡市、ＮＰＯ法人トキの島などが２００８年に復活させた。新潟市に本社を置くＵＸ新潟テレビ21（テレビ朝日系列）は２００１年から環境保全活動「Ｔｅａｍ　ＥＣＯ」に取り組んでおり、２００３年に「トキプロジェクト」と銘打って支援した。

ユニークなのは棚田保全のためのオーナー

制度だ。農作業は市内の農家らでつくる管理組合が担い、オーナーには減農薬で栽培された佐渡米30キロが送られる。年会費2万8千円。田植えや稲刈り体験もできるとあって、全国から応募が絶えず、2021年の募集も63区画が満員となった。棚田にはオーナーの名札が並び、実った稲穂が山肌を埋める。そこに、「生きものを育む農業」の可能性を示す風景が見えた。

■生き物を育む農業の将来像

トキの餌になる生き物を絶やさない環境をどうやって維持していくのか。トキが好むドジョウやカエル、タニシ。こうした水辺の生き物は農薬や化学肥料、殺虫剤をあまり使わず、1年を通して水を絶やさない水田やビオトープなどに生息する。佐渡トキ保護センターによると、野生下のトキが1日に必要とするカロリーは約300キロカロリー程度という。ドジョウ30~40匹分ほどになる。佐渡市が行っているトキ認証米制度がトキの餌場確保に果たした役割は大きい。しかし、年1千人ペースで人口が減る島では高齢化が進む。佐渡市によると、自然界への放鳥が始まってからの10年間で離農によって主食用水田の1割強が消えた。こうした現状について、朱鷺と暮らす郷づくり推進協議会の幹部は「農家の数は減っても農地の集約化によって水田面積を維持し、トキの生育環境を守っていきたい」と語った。

農業を取り巻く環境が厳しくなる中で、トキの野生復帰を支えた佐渡島の田んぼはこれからどこへ向かうのだろうか。

佐渡市の「トキと共生する佐渡の里山」が、２０１１年に国内で初めて世界農業遺産に登録されて10周年を迎えた２０２１年６月。市長の渡辺は市内で開かれた「朱鷺と暮らす郷づくり推進フォーラム」で講演し、農業の生き残りのために世界農業遺産を活用した無農薬米生産プロジェクト構想を表明した。

渡辺は講演で、人口や米の需要が減る中で、現在の農政が維持できるかとの危機感を訴えた。その上で「全国で無農薬のコメ作りを実践すると収量は減るが、生産調整後の収量と変わらないので無農薬農法が可能だ」との持論を述べた。さらに「コスト削減は簡単ではないが、農薬やエネルギーを使わず、CO_2を出さない農業は世界から応援される。生き残り戦略のキーワードはオーガニック＋環境＋オンリーワンのパートナー」と強調した。具体策として、無農薬米の展開と販売価格を維持した上で量産体制を構築するため、「まず、市内にモデル地区を設けたい。そのために農地の利用と農業機械の共用、スマート農業、所得保障に関する検討を始める」と語った。

環境を守ることの意義は、トキとの共生ばかりではない。人口減と高齢化の進む離島佐渡にとっては、地域社会を維持する上での生命線になると期待されている。

コラム① 菅笠作り

菅笠《すげがさ》をご存じですか？　湿地に生える植物スゲの葉で編んだ笠のことです。今では雨具にとって代わられた観がありますが、農作業などの野外活動では雨や日差しをしのぐため必需品でした。その産地が佐渡島に残っていると聞いて２０２０年に訪ねました。

佐渡島の玄関口両津港から加茂湖畔を約2キロ進むと、田んぼが広がり住宅の点在する秋津《あきつ》地区に着きます。この地区でただ一人菅笠を作り続けるのが農業佐藤タカ子さん（71）でした。

佐藤さんに菅笠の作り方を教えていただきました。材料のスゲと竹はすべて集落内で採ることができます。これらをまず加工します。収穫したスゲの葉は幅1センチ、長さ1メートル前後。それを日なたで3、4日乾燥させると、白く肌触りがよくなります。竹は筒状に切断した後、竹割りなたで切断面から縦に割って笠の骨として使います。

材料の準備ができたら、いよいよ笠を編みます。まず枠を作ります。竹材1本を曲げて両端を接着剤とひもで結ぶと輪ができます。この輪の上に別の竹を笠状に組み立てます。この骨組みに竹の皮を取り付け、さらにその上に、スゲを縦横に編んでいきます。編み上げたら余った部分を切り取って完成です。内側に固定用の顎ひもやクッションを付けることもできます。

自宅で菅笠を編む佐藤タカ子さん＝2020年8月、佐渡市秋津

佐藤さんによると、1個編み上げるのに5時間ほどかかるそうです。「若い時は1日に2個編んだけれど、今は1個がせいぜいです」。前年には30個ほど作って売ったそうです。佐藤さんは島内の別の地区出身で、結婚を機に夫の住むこの集落に来ました。農業やカキ養殖に従事する傍ら、菅笠作りを近所の親戚から伝授されたといいます。

秋津地区に住む池田哲夫・新潟大学名誉教授（民俗学）ら住民グループは菅笠の起源を

探り、その技術を伝承するために「菅笠の里づくり」実行委員会を2019年に結成し、2020年2月に報告書『菅笠の里秋津』を発行しました。それによると、この地区では江戸時代から菅笠を特産品にしており、元禄時代に菅田が年貢の対象になった記録も見つかりました。菅笠作りは冬季の農村にとっては貴重な現金収入であり、昭和の終わりごろまでは「売ったお金で子どもを学校に出した」と語る老人もいたそうです。出稼ぎを聞かない集落でした。

材料となったスゲの種類はカサスゲで、秋津地区の加茂湖周辺で栽培されていました。なぜ、ここにカサスゲがよく育ったのでしょうか。

佐渡島は北半分の大佐渡山地と南半分の小佐渡山地、それらに挟まれた国中《くになか》平野から成ります。両方の山地は別々に海底から隆起し、まず二つの島が誕生しました。その後、島の間に砂州ができ、縄文時代には潟を形成。秋津地区にスゲの生育に適した地質ができたとみられます。

時代は進み、史料によると、江戸・慶長のころ、菅笠の先進地・加賀国（今の石川県）の人がこの地に移り住み、村人に菅笠作りを教えました。金山を運営した佐渡奉行所の役人がまとめた「佐渡四民風俗」には、島内でこの地域が独占的に菅笠を生産していたとの

菅笠の製作過程（左から）

記載があります。技術の漏出を防ぐため、集落の外に嫁ぐ女性には教えなかったとも伝わります。

　今でも島内では菅笠を使う農民が少なくありません。自らも稲作農家として愛用する池田名誉教授は「菅笠はこの地域が育んできた文化資源であり、なくしていいものではないと思います」と語っていました。

　貴重な技術を後世に伝えようと秋津地区では菅笠作りの講習会が開かれていました。ある土曜日の夜、秋津地域文化伝承館の広間では、集落から集まった老若男女が熱心に菅笠作りに励んでいました。そこには熱心に指導する佐藤さんの姿がありました。

第3章　35の能舞台

■能楽の島

佐渡島中央部の閑静な森に囲まれた大膳《だいぜん》神社（佐渡市竹田）の境内にある能舞台を訪れたのは2019年4月の晴れた午後だった。野外の舞台で上演されたのは「羽衣」だ。美しい天女の衣を浜辺で見つけた漁師と、「返してほしい」と頼む天女とのやりとりを描いた伝統の演目だ（7ページ参照）。

佐渡島では厳しい冬が終わった春から秋にかけ、各地の集落でこうした昼の演能や夜の薪《たきぎ》能が次々と上演される。能楽シーズンの幕開けを告げたのが、この日の大膳神社例祭での能の奉納だった。演ずるのは、地元「宝生《ほうしょう》流真野《まの》能楽会」の渡部渉会長（70）ら22人だ。この会は住民を中心に1964（昭和39）年から活動しており、週1回のペースで稽古に励んでいるという。

新潟県の有形民俗文化財に指定されている大膳神社能舞台は、江戸時代末期の1846（弘化3）年に再建されたとされる。かやぶきの寄せ棟造りで、スギの大木を背に、社殿とは別棟として建てられている。周りの木立からときおり聞こえる鳥のさえずりが、笛や太鼓の音に混じって独特の雰囲気を醸し出す。客席はないので、舞台の前には外国人を

住民らが演じる能楽の舞台＝2019年４月、佐渡市竹田の大膳神社

含む島外からの観光客や島民ら約百人が地面の敷物に座ったり、周辺に立ったりして鑑賞していた。熱心にカメラのシャッターを切る愛好家の姿も見られた。

主役に当たるシテの天女を演じたのは佐渡市内の郵便局に勤める女性（22）だ。能の世界を知ったのは、佐渡市にある新潟県立佐渡高校に入学して郷土芸能部に入ったときだ。それまで能を見たことはなかった。「週1回の練習ならいいかな」くらいの軽い気持ちだった。そこで出会ったのが、地元の真野能楽会に所属する金子美恵（75）だった。仕舞の指導を受け、3年生のとき、真野能楽会で能「胡蝶《こちょう》」のシテを初めて務めた。金子の勧めで真野能楽会に入り、4年目だった。

舞台で演じていて最も気分が高揚するのはどんなときなのか。「舞方と囃子《はやし》方、地謡《じうたい》の三者の息がピタリと合ったとき、『オーーー』って感じます」と若いシテは語った。

■闇夜を幽玄な世界に変える薪能

佐渡島の玄関口両津港から約2キロ。加茂湖を見下ろす高台の森にたたずむ椎崎《しいざき》諏訪神社（佐渡市原黒《はらくろ》）は漆黒の闇に包まれていた。その中で、薪と照明に浮かび上がるのは新潟県有形民俗文化財に指定されている能舞台だ。瓦葺《かわらぶき》切妻造りで舞台は境内に向かって開放されており、舞台奥の鏡板には鮮やかな松が描かれている。

２０２１年10月の夜、恒例の「天領佐渡両津薪能」（実行委員会など主催）が催されていた。演目は「黒塚白頭」だった。人里離れた野原のあばら家に一夜の宿を求めた山伏の一行に、鬼女に姿を変えた主《あるじ》が襲いかかるが、

闇夜の野外で演じられる薪能では幽玄な世界が浮かび上がる＝2021年10月、佐渡市原黒の椎崎諏訪神社

山伏の法力に屈して退散する物語だ。島内外の能楽師によって演じられ、能舞台に浮かび上がる幽玄の世界に、ちょうちんを手に集まった約160人の観客は酔いしれた。

■佐渡金山に行き着く能楽の島民文化

佐渡島には、江戸時代に島内の能普及の拠点となった佐渡宝生流家元の本間家が1885（明治18）年に建てた能舞台（佐渡市吾潟）が健在だ。昭和時代には、素封家から寄付された邸宅跡に旧金井町《かない》が1983年に建てた本格的な堀記念金井能楽堂（佐渡市中興甲《なかおき》）もある。しかし、島内の神社を訪れて気が付くのは、その多くの境内に前出のような立派な能舞台があることだ。

『佐渡能楽史序説』（小林責・池田哲夫著、高志書院）や『能舞台 歴史を巡る』（建築画報社）によると、現存する能舞台は本間家能舞台を含めて35を数えたが、2023年8月、二宮神社能舞台が火災で焼けてしまい、34となった。これに昭和時代に建てられた金井能楽堂を入れると島内の能舞台は35となる。

東京23区の1・4倍の広さを持ち、国内では日本海側最大の離島とはいえ、どうしてそんなに能舞台があるのか。「全国の能舞台の3分の1が佐渡にある」との説もある。

鶯や　十戸の村の　能楽堂

大正時代に佐渡島を訪れた歌人大町桂月はこう詠《うた》った。

いったいこの島に何が起きてこうなったのだろうか。

■世阿弥と大久保長安

佐渡島と能との出合いは、約600年前の室町時代、1434（永享6）年に能の大成者世阿弥が京から佐渡島へ流されたことに始まる。室町幕府の庇護《ひご》を受けていた世阿弥が突然佐渡に追放された理由に関しては諸説あり、定説はない。世阿弥は佐渡島へ流罪になった時点ですでに70歳を過ぎており、生涯を終えた地がこの島だったのか、許されて京に帰ったのかも定かではない。ただ、世阿弥が書いた『金島書』には「雲水の、すむにまかせてそのまゝに、衆生諸仏も相犯さず、山はをのづから高く、海はをのづから深し、〔語り」尽くす、山雲海月の心、あら面白や佐渡の海、満目青山、なをのづから、その名を問へば佐渡といふ、金の島ぞ妙なる」とある。どうやら流人の悲惨な境遇とは異なり、島の自然と風物を楽しんでいたようだ。

もともと武家に支えられた芸能であった能楽が島民に広まったのは、それから約170年後の17世紀、江戸時代に入ってからだった。

決定的な役割を果たしたのは佐渡金山だった。佐渡金山は江戸時代から日本最大量の金と銀を産出し、幕府の財政を支えた。そのため、幕府は佐渡島を天領として直轄した。佐渡島には奉行所が置かれ、金鉱石の採掘から小判の製造まで管理した。鉱山町は隆盛を極め、全国から鉱山労働者が集まり、ゴールドラッシュの様相を呈した。当時の島の人口は5万人とも10万人ともいわれ、その食糧を賄うため島内では田畑が次々と開墾されていった。その田んぼが現在のトキの野生復帰に大きな役割を果たしていることは第2章で述べたとおりだ。

能楽の普及にとってのキーパーソンは、徳川家康によって1604（慶長9）年に佐渡島へ派遣され、金山の開発に功績をあげた代官、大久保長安《ながやす》だった。自らも猿楽師の家に生まれ、能役者を引き連れて島に乗り込み、能の普及に努めたと伝わる。長安以降も佐渡奉行所は能楽を振興し、奉行所自らが島の祝い事に能楽を主催することもあった。ゴールドラッシュの景気に沸く村々では神社の神事や娯楽として能が普及した。260あったという村々で、神社の境内に能舞台が作られていった。18世紀にはすでに相当数の能舞台があったとされる。

島内で江戸時代から伝わる狂言も「佐渡鷺《さぎ》流」として発展をとげ、保存会は新潟県の無形文化財に指定されている。

明治以後も佐渡島での能楽文化は発展した。その理由について、島内の生活水準が平均化しており、集落間の競争意識が強かったことを指摘する研究者もいる。

■島民によって伝承される芸能

佐渡能楽連盟によると、前出の真野能楽会のような愛好団体に所属している島内の能楽愛好家は100人余りだそうだ。ただ、高齢化のため後継者の育成が悩みの種だ。

取材当時、佐渡市の副市長を務めていた藤木則夫(63)は佐渡島の出身で京都大学を卒業後、厚生省(現厚生労働省)に入った。要職を歴任したのちUターンした。故郷に帰った藤木は副市長の業務の傍ら、鷺流狂言の演者としても舞台に立っていた。「この島では、三味線を演奏する小学生がいたり、中学生に能を学ばせる学校があったりします。伝統芸能は世代を超えた島の民俗文化なんです。私はその将来に悲観はしていませんよ」と藤木は笑った。藤木は2020年に施行された佐渡市長選挙に立候補し、街頭演説では地元の民謡を披露していた。

佐渡市の堀記念金井能楽堂で開かれた「佐渡・能楽の祭典」を取材したのは2020年9月だった。佐渡市内の小中学生や愛好家によって仕舞や狂言、舞囃子が上演され、約100人の観客が幽玄の世界に浸った。

「佐渡・能楽の祭典」はこの年、新潟県内で開催された国民文化祭と全国障害者芸術・文化祭の一環だった。佐渡島が開催場所に選ばれたのは、愛好家団体によって頻繁に能や狂言が上演され、学校教育にも採り入れられている稀有《けう》な地域だからだった。

4~6年の児童が「羽衣」などの仕舞を披露した佐渡市立両津吉井小学校では、伝統文化継承のため「ふるさと学」として1~3年生は鬼太鼓《おんでこ》、4~6年生は仕舞を住民から習っていた。「鬼瓦」などの鷺流狂言を演じた真野中学校でも総合学習で狂言のほか、後述する文弥《ぶんや》人形芝居や和太鼓、竹細工に取り組んでいた。新潟県立佐渡中等教育学校生は仕舞、佐渡能楽連盟佐和田《さわた》支部と真野能楽会は舞囃子をそれぞれ演じた。能楽の島の健在ぶりを示す舞台となった。

【両津】

① 本間家能舞台（吾潟）
② 諏訪神社能舞台（潟端）
③ 金峰神社能舞台（上横山）
④ 熱串彦神社能舞台（長江）
⑤ 堀内神社能舞台（加茂歌代）
⑥ 椎崎諏訪神社能舞台（原黒）
⑦ 住吉神社能舞台（住吉）
⑧ 椎泊神社能舞台（椎泊）

【佐和田】

⑨ 八幡若宮神社能舞台（下長木）
⑩ 二宮神社能舞台（二宮）
　＝2023年８月、火災により焼失

【相川】

⑪ 春日神社能舞台（相川下戸村）

【金井】

⑫ 羽黒神社能舞台（安養寺）
★ 金井能楽堂（中興）

【新穂】

⑬ 牛尾神社能舞台（潟上）
⑭ 熊野神社能舞台（武井）

【畑野】

⑮ 加茂神社能舞台（栗野江）

【真野】

⑯ 大膳神社能舞台（竹田）
⑰ 總社神社能舞台（吉岡）
⑱ 八幡若宮社能舞台（四日町）
⑲ 諏訪神社能舞台（豊田）
⑳ 塩竃神社能舞台（滝脇）
㉑ 八幡神社能舞台（背合）
㉒ 白山神社能舞台（大倉谷）
㉓ 小布勢神社能舞台（西三川）
㉔ 氣比神社能舞台（椿尾）
㉕ 熊野神社能舞台（静平）
㉖ 大山祇神社能舞台（西三川）

【羽茂】

㉗ 小泊白山神社能舞台（羽茂小泊）
㉘ 氣比神社能舞台（羽茂上山田）
㉙ 草刈神社能舞台（羽茂本郷）
㉚ 張弓神社能舞台（羽茂大橋）
㉛ 白山神社能舞台（羽茂大崎）
㉜ 白山神社能舞台（羽茂滝平）

【赤泊】

㉝ 白山神社能舞台（上川茂）
㉞ 徳和神社能舞台（徳和）
㉟ 春日神社能舞台（三川）

参考資料
『佐渡能楽史序説―現存能舞台三五棟』、
『能舞台 歴史を巡る』より作成

佐渡島内35の能舞台と金井能楽堂

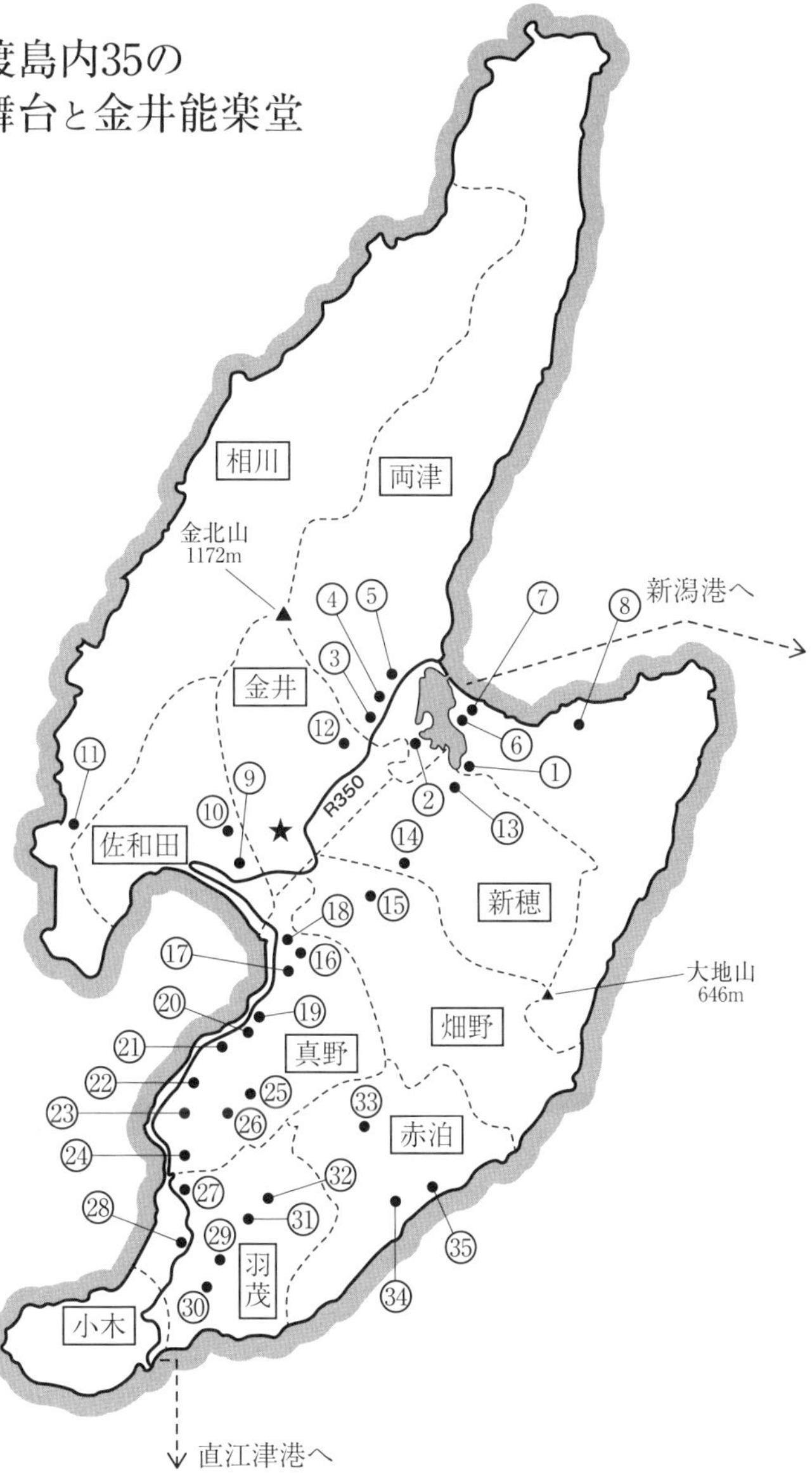

コラム② 天然スギの森

佐渡島には地面をはうように枝や幹を伸ばしている天然スギの森があります。新潟市で暮らしていたころ、その映像を地元のテレビ局制作の番組で見て驚き、休日にジェットフォイルに飛び乗って見に行きました。

佐渡市の両津港から4輪駆動車で細い林道を進むこと約1時間、石名《いしな》地区の「大佐渡石名天然杉」にたどり着きました。ここは新潟県が遊歩道と駐車場を整備し、2011年から5～11月にかけて一般公開してきました。

ゾウの牙を思わせる枝ぶりの巨木には「象牙杉」といった愛称が公募で付けられています。静まり返り、地をはう枝や曲がった幹の群れの間を歩くと、どこか異界を感じさせます。島の名所となっているのもうなずけます。

この不思議な天然スギの森を研究してきた崎尾均・新潟大学名誉教授（森林生態学）を2021年11月に訪ねました。崎尾名誉教授は同年3月まで佐渡市にある新潟大学佐渡自然共生科学センターのセンター長を務めていました。

崎尾名誉教授によると、1千メートル級の山が連なる大佐渡山地の山頂付近では積雪が5月まで見られ、その厚さは平均3メートルほど、深い所では5メートルほどに達します。天然スギは標高700～1千メートル付近の尾根沿いを中心に分布しており、人の手があまり入っていない天然林だそうです。

積もった雪による圧力で幹や枝はマンモスの牙のように折れ曲がります。他の木に触れては合体しているため、個々の木が識別できないものもあります。スギはふつう、風などによって運ばれた種子によって繁殖します。ただ、ここでは地表面を覆うように伸びる枝が地面に接した部分から根を張り、そこから新たな幹が形成されます。「伏条更新」と呼ばれる現象です。

崎尾名誉教授は「温暖化の影響はまだ見られませんが、雪が少なくなれば伏条更新はなくなるでしょう。貴重な資源なので長期的な観察や研究が必要です」と話していました。

江戸時代、一体の山森は佐渡金山を直轄した佐渡奉行によって管理されていました。今では新潟大学の演習林や新潟県有林が広がります。2008年に開かれた北海道洞爺湖サミットの食事会場で、写真家天野尚氏の撮影による佐渡天然スギのパネル写真が展示され

異界を感じさせる天然スギの森＝2021年10月、佐渡市石名

て広く知られるようになりました。

崎尾名誉教授は佐渡を拠点に事務所「Ｂｏｔａｎｉｃａｌ　Ａｃａｄｅｍｙ」を立ち上げ、講演や自然ガイドを務めています。詳細を知りたい方はホームページへ。

第4章　鬼太鼓

■文弥人形

佐渡島南部の山村、佐渡市羽茂《はもち》大崎で一風変わった催しがあると聞いて取材に出かけたのは晩秋の2018年11月だった。農村の住民たちが地元で栽培したソバと野菜を振る舞う「大崎そばの会」だ。その時点で41年目を数える集落の伝統行事として知られ、山奥にもかかわらず、県内外からの客約170人で会場の大崎活性化センター大広間は満席だった。

台所では婦人たちが準備に追われていた。打ち立てのそばはつなぎを使わず、コシと弾力が特徴だ。つゆはあごだしと煮干しなどを煮込んでおり、かけそばの麺になじむ。客からはおかわりの要望が相次ぎ、どんぶりを運ぶ住民が忙しそうに客席の間を行き来している。テーブルには、地元で取れた野菜の煮しめやきんぴら、天ぷら、煮込み、あえ物など13品目がならび、甘酒も飲み放題。参加費は大人2千円。小学生1千円だが、予約はすぐに埋まるそうだ。

主催する「大崎そばの会」の3代目会長川上公紀（78）は「地元産にこだわっているので肉や魚は使わない。そんな田舎料理が受けているようです」と語った。1時間ほどかけ

そばの会で住民によって演じられる文弥人形芝居＝2018年11月、佐渡市羽茂大崎の大崎活性化センター

てやってきた佐渡市内の漁師らは「食べたことのないものが食べられるので」と話していた。

意表を突かれたのは後半に入ってからだった。川上会長らスタッフが芸人に変身し、舞台に現れたのだ。上演されたのは、江戸時代から伝わるという地元の人形芝居「文弥《ぶんや》人形芝居」だった。等身大より一回り小さい人形に背後から手を入れて動かし、三味線の謡いに乗って哀愁を帯びた表情を演じる。この日の演目は佐渡島の民話「安寿《あんじゅ》と厨子王《ずしおう》」だった。住民によって受け継がれてきた文弥人形芝居は江戸時代、目の不自由な人の芸として佐渡島に伝わり、明治時代に成立したとされる。島内では他の集落でも伝承され、国の重要無形民俗文化財に指定されている。

■伝統芸能の宝庫

佐渡島には能楽のほかにも文弥人形のような様々な伝統芸能が島民によって継承され、祭りやイベントで公開されている。人形芝居では、文弥人形のほかにも「説教人形」と「のろま人形」が継承されている。正月に集落の各戸を門付けして回る「春駒《はりごま》」や「つぶろさし」といった土俗的な伝統芸能も残っている。民謡や獅子舞、お囃子《はやし》、神楽なども健在だ。文化のふきだまり——この島はしばしば、こう言われる。

佐渡島の伝統芸能を一堂に集めた恒例の祭り「佐渡國鬼太鼓《おんでこ》どっとこむ」（実行委員会主催）を初めて取材したのは2019年5月だった。両津港に近い会場のおんでこドームのステージでは、後述する鬼太鼓16組のほか、木遣《や》り歌や獅子舞、民謡、お囃子、神楽の計23団体の演目が二つのステージで披露され、約1万5千人の観客でにぎわった。この祭典は2002年に始まり、この年で18回目を数えたが、島に残る伝統文化の多様さを印象付けた。

民謡の中でも代表的な「佐渡おけさ」は、熊本県の「牛深ハイヤ節」が江戸時代に船乗りたちによって佐渡島へ持ち込まれ、後に佐渡金山に伝わり、酒盛り唄、さらに選鉱場で歌われるようになった。鉱山祭で踊りが加わり、後に「佐渡おけさ」の名称で全国に広まったとされる。

「佐渡おけさ」については伝承してき名人や団体がある。だが、この日のステージで演じて喝采を浴びていたのは高校生たちだった。

のろま人形芝居の放尿場面。水を浴びると子宝に恵まれるという＝2021年7月、佐渡市の佐渡島開発総合センターホール

■継承される佐渡民謡

〽はあー佐渡へーぇ（ハ、アリャサ）佐渡へと、草木もなびくよ　佐渡は居よいか　住みよいか

群青色の地に白波が描かれた着物をまとい、笠をかぶった「立方《たちかた》」と呼ばれる踊り手たちが笛や太鼓、三味線の音に乗って舞台で跳ねる。一糸乱れない踊りにひときわ大きな拍手がわき起こった。

演じたのは、佐渡市にある新潟県立羽茂《はもち》高校の郷土芸能部員たちだ。3年生5人と2年生9人、1年生6人の計20人が、歌い手と、三味線、笛、太鼓からなる地方《じかた》、そして踊り手の立方の三つに分かれ、レパートリーも多彩だ。創部13年だが、全国高校総合文化祭（総文祭）で2016年には最優秀賞に輝いた。

地元羽茂地区の民謡研究会に所属する住吉ミヨ子（78）は部創設以来、踊りを指導してきた。稽古場では録画用タブレット端末を置き、部員たちの動きを様々な角度から点検している。「今の子は上達が早いです。舞台に立つため、従来の踊り方だけでなく創作も入ってくる」と語った。

その住吉に3歳から踊りを習ってきたのが3年生の部長の女子生徒（17）だった。郷土芸能部では、よく通る声で歌い手を務めた。

「踊りを始めたのは祖母に誘われ、姉も習っていたので。民謡の歌の方は小1から別の先生について」。民謡のどこにひかれるのか。「舞台の上で、歌と楽器演奏と踊りが合って、照明を背景にきれいに決めるときがいいです」。卒業後は島の外で進学するつもりだが、就職では島に戻る予定で、佐渡民謡もずっと続けると語っていた。

■高校に郷土芸能部

羽茂高校郷土芸能部は、教育活動で顕著な成果を上げたとして2020年度の文部科学大臣優秀教職員表彰を受けた。少子化の進む佐渡島で「佐渡おけさ」などの佐渡民謡を伝承してきた実績と、全国高校総合文化祭で最優秀賞を受賞するまで育てた地元の民謡研究会員や顧問の教員らの取り組みが評価された。

稽古場の羽茂地区公民館ホールで行われた伝達式では、顧問の教諭と、踊りと演奏、歌の指導に当たってきた前出の住吉ミヨ子と高津雄太（39）に表彰状と盾が渡された。伝達した小林皇司校長は「部活動を支えてきた地域のみなさまのご支援と教師、生徒のがんばりでいただいた。部員は佐渡の伝統文化を引き継ぎ発信して未来につなげてください」と祝福した。

介護福祉士の高津は福祉施設での夜勤の前に指導に当たってきた。高津は「今回の表彰には感謝しています。地元の人たちが見て納得のいく技術レベルに育て、生徒の個性も生かすように心がけています」と喜びを語った。

同部は各地のイベントなどに引っ張りだこで、年間20～30回程度の公演をしてきた。

稽古場には、総文祭で最優秀賞をとって国立劇場（東京）で発表する、との目標が掲げられ、部員たちは稽古前から自主練習に励んでいた。先輩の踊りに憧れて入部した部長の3年生（17）は「今回の表彰で部員のモチベーションは上がっています」と語った。

2020年の第44回全国高校総合文化祭は、新型コロナウイルス感染症の拡大防止のため、生徒が会場に集まる例年の形式ではなく、ネットで動画を配信する形に変更された。その郷土芸能部門で、羽茂高校郷土芸能部は「七浦甚句《ななうらじんく》」と「佐渡おけさ」の佐渡民謡2曲を発表した。この年には審査はなかったが、インターネットを通して島の伝統芸能を継承する演技を発信できた。

この時点での郷土芸能部員は3年9人、2年6人、1年3人。顧問の教師によると、部員らは前年の優良賞を上回る最優秀賞に輝き、憧れの国立劇場（東京）で発表することを目指していたため、通常開催が見送られたときは悔しがった。5月にネット開催が決まると、「多くの方々に佐渡民謡の素晴らしさを知ってもらいたい」と意気込むようになった。ただ、コロナ禍で3～5月はほとんど練習できず、6月から段階的に再開。マスクを着けて練習するため息苦しく、1曲ごとに休憩を挟む難しい形となった。それでも顧問は「学校行事が次々と中止や延期となり、3年生は進路の準備もしなければならない中で、部を

羽茂高校郷土芸能部による「佐渡おけさ」＝2020年8月、佐渡市の両津文化会館

応援する人々の支えもあって発表までこぎ着けました」と感謝した。

発表する「七浦甚句」と「佐渡おけさ」を収録したのは8月だった。会場では、保護者や支援した人々約90人が見守った。部員は最後に舞台上で「みなさまの心の中にある佐渡おけさを思い出してください。この苦境に打ち勝ちましょう」とあいさつした。

■伝承されるおけさ笠の手編み

佐渡おけさなど民謡の踊り手がかぶるのに欠かせない衣装「おけさ笠」の製作も住民たちによって受け継がれている。

材料には畳表で知られるイグサを使い、すべてを手編みする。その複雑な技を途絶えさせないように伝承しようと2010年に発足したのが佐渡市の市民グループ「おけさ笠の会」だ。発足から10年たった2020年に取材した。

会の拠点は、かつてのイグサ産地、佐渡市畑野《はたの》地区だ。合併前の旧畑野町職員としてイグサの生産奨励に関わった細野幸太郎（78）を会長に10人が参加していた。会員の中心は60～70代の女性だが、最年少は40歳。月に2回のペースで講習会を開いていた。

畑野農村環境改善センターで開かれた講習会を訪ねた。九州から仕入れたイグサを抱えて集まった会員たちは、教師役の渡辺ハツミ（76）の指導のもと、イグサを束ね、編んでいく。渡辺は数少ない熟練の後継者だ。一つの笠を作るのに必要なイグサは約200グラム。完成には丸1日かかるという。

材料のイグサは泥染めされて畳表と同じ色になる。ただ、直径約50センチのおけさ笠の縁と中心部は紫色のイグサで編むことになっている。これらに使うイグサを染料で紫色に染める作業は1週間前に会員宅の庭で行われた。ドラム缶を半分に割った特製鍋にお湯を沸かして染料を入れ、長さ1メートルほどのイグサの束をゆでると20分ほどで染まった。それを乾燥させる。

生産は受注分だけで、会は前年約200個を作って売ったという。細野会長は語る。「おけさ笠がないと踊れない、と需要はあります。私も自分で作った笠をかぶって踊ったものです。『阿波踊りに使いたい』と注文が来たこともあった。おけさ笠がないと郷土芸能の伝承もないと思います」。佐渡市の佐渡文化財団では民芸品として1個5千円（大人用）で販売していた。

おけさ笠を編む「おけさ笠の会」の会員たち＝2020年12月、佐渡市の畑野農村環境改善センター

■鬼太鼓の島

ト、トトン、トン♪

独特のリズムを持つ太鼓の音が住宅街に響く。「さー、さー」のかけ声を受け、髪を振り乱して踊る鬼が家々を回る。佐渡島の春を告げる神社の祭りが始まった。

佐渡市東部の小高い丘の林にある赤井神社。ここの春の例大祭を取材したのは2019年4月だった。早朝の境内では「鬼組」と呼ばれる氏子たちによって鬼太鼓の打ち出しが奉納された。このあと、4組に分かれて住宅街に繰り出し、太鼓をたたきながら、各戸を回った。色とりどりの衣装をまとった鬼が家内安全と商売繁盛を祈って回る「門付け」が夕暮れまで続いた。

朝日新聞佐渡支局もその洗礼を受けた。前年9月に赴任した私は妻と共に支局舎に住み込みで勤務していた。もちろん、鬼太鼓を迎えるのは初めてのことだった。朝から潮風に乗って遠くから聞こえていた鬼太鼓の音が次第に近づいてくる。ついに佐渡支局舎の玄関前に鬼たち一行が現れ、軽快な太鼓の音に合わせて厄払いの舞を披露し始めた。とそのとき、勢い余った鬼が玄関から階段を上って2階に駆け上がった。家の中まで入るとは聞いていなかった。しまった、2階の寝室を片付けてない！　慌てたが、鬼はすぐに戻ってきた。年配の役員に注意された鬼はあとで「すいませんでしたー」と謝りに来たので、こちらが恐縮してしまった。門付けを証明する「家内安全」のステッカーを頂いたので、ありがたく玄関に張り付けた。

佐渡市によると、この時点で市内には255の神社があり、4月から秋にかけて祭りが相次ぐ。鬼太鼓だけでなく、獅子が加わったり、やぶさめが登場する祭りもある。

後述する民俗研究家本間雅彦が『写真集佐渡祭組』に寄せた解説によると、鬼太鼓の原型は16世紀の京都にさかのぼる。幾つかの流派があり、鬼の面は能面にならって宮大工が

各戸の玄関前で厄よけする鬼太鼓の一行＝2019年4月、佐渡市両津地区

刻んだという。すべて住民によって伝承されてきた。

翌2020年の門付けは新型コロナウイルスの影響を受け、感染対策のため中止や簡略化する集落が相次いだ。そんな中で4月、金井新保地区では例年通りの門付けが繰り広げられた（8ページ参照）。トン、トト、トン♪という軽快なリズムを刻む太鼓の音に合わせて鬼が踊り、集落の約300戸に厄払いをして回った。門付けをしたのは新保青年団だった。役員の一人は「せっかく練習してきたし、佐渡市内ではまだ感染者が確認されていないので、やることになりました」と話していた。厄を払ってもらった家の主婦は「コロナ騒ぎを吹き飛ばしてほしいですね」と喜んだ。

■鬼は神の化身

佐渡島に伝わる鬼太鼓を調べた本間雅彦の残したノートや調査記録を整理した報告書『日本海文化研究所報告　第一集』（148ページ）が刊行されたのは2019年だった。本間の教え子で新潟大学名誉教授（民俗学）の池田哲夫（68）が、譲り受けた資料を1年がかりでまとめた。文献の少ない鬼太鼓の研究書になっている。

日本海文化研究所は本間が主宰し、池田が活動を再開した。この報告書の中心になっているのは、佐渡市に住み2010年に92歳で亡くなった本間によるノートをまとめた「鬼太鼓の島」だ。鬼太鼓は島内各地の神社ごとに氏子たちによって、住民の厄よけの鬼踊りとして伝承されてきた。

本間は「もともと鬼は人間に敵対する存在ではなく、超人的な魔力の持ち主で、神の変身というべき性格」と記す。鬼太鼓で鬼が見せる舞は江戸時代の集落で行われた豆まき行事の伴奏から発展し、能楽の佐渡宝生《ほうしょう》流による振り付けが加わって完成した。鬼の面には能面の影響が見て取れるとも分析している。

添付された本間の講演録「鬼の実在性」では、佐渡島には「鬼」の付く地名が十数カ所あり、「鬼」と呼ばれた人々が実在した可能性を指摘。『日本書紀』に佐渡にいたとの記載のある粛慎人《しゅくしん》（古代中国の北方民族）や、後世、島に漂着したロシア人などの外国人と先住民的山族が入り交ざったのでは、との仮説を提起している。

巻末の池田による「解説にかえて　鬼太鼓研究のはじまり」では、明治以降の鬼太鼓の研究や論文を踏まえ、鬼太鼓には四つ以上の系統があるとの本間氏の分析を紹介している。

２０２１年に佐渡博物館長に就任した池田は「鬼太鼓は佐渡の宝であり、伝承していくためには、その意義や方法について議論することが大事ではないか」と語った。「第一集」は50部印刷して研究者らに配布した。

この鬼太鼓こそが、佐渡島を世界的に有名にする若者たちを全国から呼び込むことになる。

第5章　鼓童

■鼓童はなぜ佐渡島に

佐渡市は2004年、「平成の大合併」によって島内の10市町村が合併して誕生した。その一つの旧畑野《はたの》町は島の中心部に位置する。その住宅街の一角に新緑に囲まれた築百年ほどの洋館がひっそりとたたずんでいた。かつては医院だったが今では住む人のいない廃屋となり、外壁の色から「ピンクの元医院」と呼ばれ、文化財として残そうという運動が始まっていた。この建物こそ、鼓童の前身「佐渡の國鬼太鼓座《おんでこ》」（以下、鬼太鼓座）の旗揚げ時の宿舎だった。

私がこの洋館を訪ねたのは2021年春だった。鼓童の関係者や、鼓童文化財団著『いのちもやしてたたけよ。』などの文献を基に、半世紀に及ぶ彼ら彼女らの道のりをたどってみよう（8ページ参照）。

鬼太鼓座を創設したのは東京出身の旅の者、田耕《でんたがやす》（故人）だった。早稲田大学の学生だった田は学生運動を経て全国各地を放浪し、伝統芸能の鬼太鼓が伝わる佐渡島にたどり着いた。田は在京の民俗学者宮本常一（故人）に師事していた。宮本らの支援を得て、佐渡島に伝統文化と工芸を学ぶ「日本海大学」と「職人村」をつくるという構想を打ち上げた。

宮本と同じ武蔵野美術大学（東京）で教えていたインテリアデザイナーの島崎信《まこと》・同大名誉教授（88）も田を支援した一人だった。島崎は「大学と職人村をつくるための資金集めのために結成したのが鼓童の前身、鬼太鼓座だった」と振り返る。

鬼太鼓座が宿舎として使った元医院＝2021年３月、佐渡市畑野地区

田は参加者を募るため積極的にメディアを使った。支援者の一人だった作家永六輔（故人）は担当したラジオの深夜番組で田の運動への参加を若者に呼びかけた。

こうして１９７１（昭和46）年４月、田以下11人のメンバーが集まった。全員が高度成長期の日本社会になじめない10代、20代の若者たちだった。浪人生や大学中退、脱サラの男女と顔ぶれはさまざまだった。太鼓の経験者は皆無だった。その後、のちに看板奏者となり、２０２２年には旭日小綬章を受けた学生林英哲（70）が東京から、また、勤め先のホテルを辞めた藤本吉利（70）は大阪からやってきて加わった。やがて一座の生活は午前5時前に起床し、体力づくりのためのランニングと稽古に明け暮れる修行僧のような日々となっていった。

島外から来た彼らに宿舎を提供したのが、前章で登場した佐渡島の高校教師本間雅彦だった。当時、すでに本間は鬼太鼓など地元に伝わる芸能や郷土史の研究者として知られていた。宮本とも親交があり、佐渡島に行き着いた田を自宅に住まわせて鬼太鼓座を結成前から支えた。鬼太鼓座に貸した元医院は妻の実家だった。

佐渡島に江戸時代から伝わる伝統芸能の鬼太鼓は、神社の祭りで集落の厄払いをつかさどる。その鬼を「超人的な魔力の持ち主で神の変身」と本間がみていたことは前章で述べた。その著書『舟木の島』では「鬼族のよさを天下にしらしめることをやるべきです。最近島にできた『おんでこ座』（原文のまま）は、とくにこうした役割を果たしてくれるだろうと信じています」と記している。

宿舎の元医院には屋内に稽古のできるスペースがなく、一座は屋内で稽古のできる場を求めた。当時、関西財界からの寄付があったものの、一座に助け舟を出したのは島の行政だった。

■島で支えた創成期

佐渡島の西側、日本海を望む小高い丘にある旧真野《まの》町立大小《だいしょう》小学校。1972年6月、最初の宿舎を引き払った鬼太鼓座は、廃校になっていたこの木造校舎に移った。

一座に稽古場付きの宿舎を提供したのは旧真野町の松本繁町長（故人）だった。当時の事情を知る最後の真野町長で第2章でも登場した高野宏一郎（82）は振り返る。「観光で島を発展させようとしていた時期でした。（民俗学者の）宮本常一の講演会があると、聴衆が詰めかけるような熱が島にはあった」

島内の10市町村が合併して佐渡市が誕生した2004年、高野は初代佐渡市長に就任した。「鬼太鼓座の若者たちは毎朝島内を走っていて変わり者とみられていたが、この島には、そうした者を受け入れる土壌があるんです。江戸時代から、金山で働く者が全国から集まった島ですから」

鬼太鼓座は手作りで防音壁を設けて稽古に励んだ。このころは連合赤軍事件が起きて国民を震撼《しんかん》させた時期だった。当時からの座員、藤本吉利は「赤い色のTシャツを着て走っていたら過激派のようにみられましたね」と笑った。

一座を支援し、自宅に団員が出入りしていた本間の長女教子は当時多感な中学生だった。街中で団員と出会うこともあった。「島では特異な風体でした。通りであいさつされてもこちらが恥ずかしくなったものです」と振り返る。

島内で浮いた存在だった鬼太鼓座は、地元の駅伝大会に参加した。沿道からその様子を見ていた当時の中学生三浦基裕（64）は「あの人たちも島の住民になったんだ」と実感したことを覚えている。後に3代目佐渡市長となった三浦は、海外の公演会場で佐渡観光をPRする「ビジット佐渡大使」に鼓童を任命することになる。

ボストンマラソンのゴール後に太鼓演奏を披露する鬼太鼓座＝1975年、米国ボストン、鼓童提供

鬼太鼓座を世に知らしめる出来事が結成4年後に巡ってきた。1975年4月の米国ボストンマラソンに参加したのだ。鬼太鼓座のメンバーは完走したあと、ゴールそばの特設ステージで太鼓演奏を披露した。その様子が日米のテレビで放送された。

さらに彼らは、当時ボストン交響楽団の指揮者だった小沢征爾を訪ねて演奏を聴いてもらった。小沢の依頼で作曲家石井眞木（故人）が鬼太鼓座のために曲を作り、翌76年に同交響楽団との共演が実現した。

「鬼太鼓座が世界に認められた画期的な出来事だった」。2021年の取材時、鼓童の運営会社「北前船《きたまえせん》」会長の青木孝夫（65）はこう証言する。鬼太鼓座には国内外から公演依頼が舞い込み始めた。

佐渡島に迎えられ、そこから世界に打って出た鬼太鼓座。だが、そこに危機が待ち構えていた。

■危機を越えて

雪道を走り込む団員たち。汗まみれのふんどし姿で太鼓を打ち込む奏者――。結成8年後、鬼太鼓座の鍛錬と演奏を幻想的に描いた映画「ざ・鬼太鼓座」の撮影が始まった。一座の主宰者田が任俠《にんきょう》映画の名匠加藤泰（故人）に監督を頼んだ。

鼓童によると、完成が近づいたころ、内容に不満を抱いた田が突然撮り直しを言い出した。旗揚げ以来、一座の運営は田が握っており、座員たちは田の指揮に従ってきた。努力が実ってようやく太鼓芸能が認知され始めた時期だった。稽古の時間を割いて映画撮影に出演した末の撮り直し宣言に座員たちは困惑した。

鼓童としてのデビュー公演＝1981年、ベルリン芸術祭、鼓童提供

林英哲の著書『太鼓日月』によると、座員たちは「協力できません」と連名の手紙を田に送り、これに激怒した田と決別する事態となった。田は佐渡島の宿舎兼稽古場から去った。残された14人の座員たちは1981年、再出発をすることになった。

宿舎に手伝いに通っていた前出の本間教子は、田に代わって中心になった河内敏夫（故人）から新しい団体名候補の記された何枚かのメモを見せられたことを記憶している。結局、林の発案した「鼓童」に決まった。鼓童としての公演デビューは同年9月のベルリン芸術祭だった。帰国後も佐渡島内を含めて国内公演は成功裏に終わった。

だが翌1982年2月、鼓童は生命線の太鼓をすべて失った。長崎県で新たな鬼太鼓座を立ち上げた田が、佐渡島に残してきた道具一式を引き取ったからだ。

新しい太鼓がそろい、公演活動を再開するまでの7カ月間、団員たちは公演内容を新しくしようと津軽三味線や日本舞踊、笛などを学ぶため全国に出かけていった。

解散の危機を乗り越えられたのはなぜだったのか。「団員たちは、公演を終えると聴衆から喝采を浴び、『元気をもらった』と称賛された。言葉が通じなくても太鼓は世界の人々に届くということを体感した。この経験が太鼓芸能への熱意を持ち続けさせたと思います」。「北前船」会長の青木孝夫はそう語った。

鼓童として再出発した矢先、再び衝撃の出来事が起きる。中心奏者の林が島を去ったのだ。背景には、太鼓芸能だけを一筋に追求する林と、太鼓を通じて島に根ざした「村」をつくりたいという他の団員との確執があったと青木はみる。

その村はやがて実現することになる。

■鼓童村

佐渡島南端の玄関口小木《おぎ》港。江戸時代に金山から出た金銀を運んだ港として栄え、近代では佐渡観光の拠点となってきた。そこから約5キロ離れた日本海を見下ろす丘陵、小木金田新田《かねたしんでん》に鼓童は1986年、土地を購入した。

鼓童村＝佐渡市小木金田新田、鼓童提供

その後、古民家を移築した本部棟やスタジオを備えた稽古場、2階建ての住居棟、ゲストハウス、工房を順次建設していった。「鼓童村」と名付けたこの本拠地の入り口では、市民や観光客向けワークショップの場として佐渡太鼓体験交流館（たたこう館）も運営する。

鼓童村は周囲に住宅がないため好きなだけ太鼓がたたけた。さらに前身の鬼太鼓座以来の借家暮らしからも脱した。だが、鼓童村にはそれら以上の意味があった。

村の近くに2014年、廃校となった旧小学校校舎を借りて開設した宿泊施設「深浦《ふかうら》学舎」。その廊下に1

枚のパネルが飾られている。

「佐渡でたたいたからああなったんだ。そういう基本的なものを見失わないように」パネルには、「島に根付け」と一座を指導し続けた民俗学者の宮本常一が、メンバーに贈った言葉が記されている。

鼓童創設期からのスタッフで鼓動文化財団専務理事の菅野敦司（64）は「宮本先生が本間雅彦先生や田耕氏と佐渡でつくろうとした『日本海大学』構想が私たちの原点です。鬼太鼓座が結成されたのもその資金集めが目的だった。この原点を忘れないように宮本先生の言葉を掲げています」と説明した。

深浦学舎に掲示されている宮本常一の言葉＝2021年3月、佐渡市深浦

柿野浦《かきのうら》研修所や深浦学舎、たたこう館を運営しているのは公益財団法人鼓童文化財団だ。１９９７

年、文化振興と地域活性化を目的に設立された。

鼓童が佐渡島で1988年から夏に開催してきたアース・セレブレーション。3日間にわたり、小木港一帯を会場に鼓童や国内外のアーティストがライブ演奏を繰り広げる。内外から数万人の来場者を迎え、佐渡島にとっては貴重な観光資源となってきた。この運営に当たっているのも、財団が佐渡市などとつくっている実行委員会だ。2020、21両年はコロナ禍のため、インターネットでの動画配信となったが、2022年は3年ぶりに観客を入れての開催になった。

宮本とともに鬼太鼓座以来協力してきた同財団特別顧問の島崎信・武蔵野美術大学名誉教授（88）は2017年まで鼓童文化財団の理事長を務めた。島崎は語った。「鼓童という花が舞台で咲いたのが先になったが、人づくりと交流を担う財団の活動はその根に当たるのです」

■半世紀でたどり着いた境地

鬼太鼓座からの創設メンバーである名誉団員、藤本吉利は太鼓演奏歴50年を迎えた

2018年、半世紀の活動を振り返った『たいこわらべ五十年』を出版し、記念公演を開催した。前身の鬼太鼓座から活動してきた半生は、佐渡島を足場にゼロから出発した若者たちの足跡でもある。

鼓童の看板演目「大太鼓」。舞台に置かれた直径1・15メートルの大太鼓を、締め込み姿の打ち手がひとりで約14分間汗だくで打ち続ける。藤本はこの演奏を長年担ってきた。

藤本は著作で「大地＝地球に足を踏ん張って、太鼓に向き合う。太鼓は太陽。太陽の向こうに広がる宇宙。太鼓の響きを宇宙に届ける」と記している。演奏中の心境については「1音1音がメッセージであり、意味のない音はない。その音の中に自らが入っていきます」と語る。

生まれ育った京都府の地元で、高校2年の17歳のとき、郷土芸能の和知太鼓にのめり込んだ。太鼓打ち人生の始まりだった。卒業後、大阪府内のホテルに勤めた。そのホテル経営者が後援していたのが誕生したばかりの鬼太鼓座だった。太鼓を打って世界を回りたいという夢を捨てきれず、退職して佐渡での集団生活に加わった。それ以来、中心メンバーとして活動してきた。

鬼太鼓座時代から順風満帆だったわけではないことは前述のとおり。当初は寄付と借金頼みだった。人前で演奏できるようになるには「鬼」になるしかない。そう考えた藤本たちは、質素な生活をともにしながら稽古に励み、精神力と体力づくりのため、ひたすら島の道を走り込んだ。

「太鼓の音の届く範囲が集落です。心に響く太鼓でみんなが共感し、つながる。そうやって、いろいろな問題のある世界が、少しでも平和になるように貢献できたらと思います」。

半世紀、佐渡島から太鼓を打ち続けてたどり着いた境地だった。

■柿野浦研修所

佐渡海峡を望む佐渡市柿野浦の鼓童研修所。石原泰彦所長らスタッフが新入生を迎える入所式は2020年にはコロナ禍のため中止となったが、2021年4月には2年ぶりに開かれた。入所した40期生は、関東や宮城など新潟県外から来た18～22歳の男性6人と女性1人。新入生はまず、研修所の入り口で待ち構えた2年生8人による歓迎演奏の洗礼を受けた。中には感極まって涙ぐむ者もいた。

入所式では、研修所を運営する鼓童文化財団の五十嵐実理事長が新潟市からリモートで

入所式で２年生から歓迎される新入生たち＝2021年４月、佐渡市柿野浦の鼓童研修所

出席し、佐渡島に流された能楽の完成者世阿弥の言葉を引用しながら「芸能の役割は公共の福祉に貢献すること」とあいさつした。

同財団の元理事長で特別顧問の島崎信・武蔵野美術大学名誉教授は東京から駆け付け、「舞台では演奏者の人柄が出る。立ち居振る舞いが出る。迷わず、やるべきことをやってください」と励ました。

入所式では1年生だけでなく、2年生も1人ずつ決意を述べた。最後に最年長の藤本吉利（70）や船橋裕一郎代表（46）ら主要メンバーが合唱で祝福した。

入所式を終えた7人の新入生はまず、作業室で木材を削り、太鼓をたたくバチと自分用の箸を作った。慣例の入所作業だ。2年生8人と合わせて15人。18〜21歳、うち女性3人の共同生活が始まった。

午前5時半、拍子木の音が廊下に響いて起床。体操と掃除、ランニングの後、朝食。研修所では炊事は当番制のため地元の鮮魚店から魚のさばき方を習う。周辺の田んぼや校庭の畑では米や野菜を栽培している。

食事と休憩時間を除き、就寝時刻の午後10時半までのほとんどを稽古に充てる。体育館を稽古場にして太鼓や笛、踊り、唄といった演奏技術を学ぶ。芸の背景となる茶道や能楽、佐渡の芸能に関する講義と幅広い。

地元の集落に出向いて鬼太鼓を習ったり、演奏を披露したりという交流活動も重要な稽古だ。研修中は禁酒禁煙、携帯電話やインターネットに接続できる機器の持ち込みも禁じられる。

2019年修了の舞台メンバー中谷憧《なかたにしょう》(22)は横浜市出身。「ランニングや稽古もきつかったが、つらかったのは集団生活の中での人間関係。何度もやめたいと思ったが、支えてくれた両親や友人たちに恩返しするのは太鼓しかなかった」と柿野浦生活を振り返る。

稽古中に先輩から「聴衆の前では作るな。素のまま稽古している自分しか出ないのだから」と助言され、その言葉を胸に刻む。

入所や進級の際には選考がある。2年制の研修費は入所金や設備教材費、生活費、教育費を合わせると200万円を超す。しかも、修了しても準メンバーや正式メンバーになるには審査を通らなければならない。柿野浦の修了生計195人のうち、舞台に立てたのは3割ほどという。

日系アメリカ人で舞台メンバー3年目だった小野田太陽(28)は18年修了。米サンフランシスコで生まれ育ち、地元の太鼓チームに所属していた。「太鼓の魅力は人を呼び寄せる力。太鼓の音の届く範囲が村で、僕たちは太鼓で世界を一つの村にしたい。それができるのは鼓童しかありません」

研修所は旧真野町大小の本拠地での研修生受け入れから始まった。その後、島北部の廃校校舎を借りて独立。ここが台風で破損したため、大小に戻り、96年に柿野浦集落所有の中学校廃校舎を借りて今日に至る。

舞台活動を継続するために不可欠な研修所。その運営は住民の支援なしには難しかった。鼓童文化財団専務理事の菅野敦司は「鼓童の活動が地元の佐渡の人々に受け入れられるようになったことが大きかった」と語った。

■公演の伴走者

佐渡島から約200キロ離れた石川県白山市。金沢市に近く、新幹線の建設が進む一角に浅野太鼓楽器店はある。江戸時代初期の1609（慶長14）年、加賀藩の御用皮革師として創業、太鼓を製造してきた老舗だ。

1970年のある日、見知らぬ男性が店にふらりと現れ、世界地図を広げると「太鼓で世界を回る。太鼓一式をつくってもらいたい」と申し出た。「ただし、金はない」というその男こそ、翌年、鼓童の前身鬼太鼓座を旗揚げした田耕だった。

当時の浅野義雄社長（故人）は度肝を抜かれたが、出世払いの約束で製造し、太鼓一式を佐渡島に納めた。義雄の孫で現社長の浅野恭央《やすお》（51）は「祖父は『太鼓打ちに悪い人はいない』が口癖でしたから」と振り返る。

ここから鬼太鼓座・鼓童との伴走が始まった。太鼓にはチューニングのための専門技術が必要だ。同社は自社製太鼓の音にこだわり海外公演にも同行した。田が一座を去って鼓童が太鼓などの演奏道具すべてを失った時には、再び、出世払いで太鼓一式を提供した。新型太鼓の共同開発や特注の太鼓の製作も請け負ってきた。

佐渡島の夏恒例となったアース・セレブレーション＝2021年8月、佐渡市の小木港

太鼓芸能の世界を見てきた恭央社長は鼓童の魅力について語る。「演奏技術が抜きんでていて鼓童しか出せない音があるのです」

公演ツアーには外国人の伴走者もいた。

カナダ人のジョニ・ウェルズ（67）は、一時期、通訳と舞台の照明を担った。

カナダのトロント大学で東洋文化を専攻し、1975年に初来日。そのツアーで佐渡島を訪れた。そのとき、重要無形民俗文化財の文弥《ぶんや》人形芝居に出合った。さらに鬼太鼓座の太鼓演奏を見る機会を得て衝撃を受け、一座との交流が始まった。「あれで人生が変わったね」と流暢《りゅうちょう》な日本語で笑う。

カナダに帰国後は一座を紹介した。その後、鼓童の世界公演「ワン・アース・ツアー」に同行するようになった。その途中で出会った日本人女性と結婚。1977、78年に一時佐渡島に住み、2000年から再び佐渡島に帰ってきた。イラストレーターや木彫り作家を本業とする傍ら、鼓童が発行する月刊誌の表紙絵を描き、外国人向け太鼓講習会での通訳を務めたこともあるという。

ウェルズは語る。「鼓童の舞台を見た外国人が感動する背景には日本へのロマンチシズムがあるね。それに、能や歌舞伎は理解するのに難しいが、太鼓は分かりやすいじゃないですか」

■新たな挑戦

平均年齢35歳。鼓童の舞台メンバー34人をまとめるのは、代表の船橋裕一郎だ。京都造形芸術大時代には考古学を専攻する一方で太鼓部に所属。鼓童の公演を見てその舞台に圧倒された。卒業しても就職せずに鼓童研修所に入り、2001年から舞台に立った。高度成長期の社会に入れなかった創設期メンバーとは異なり、船橋らはすでに太鼓芸能界のメジャーとなっていた鼓童を目指した世代に当たる。結成40周年を迎えた2021年4月、船橋はこれからの展望について語った。

──半世紀の間で鼓童の舞台が大きく変わった時期がありましたね。

「演目が転機を迎えたのは、2000年に始まった歌舞伎俳優坂東玉三郎さんとの交流と共演でした。それ以前、鼓童は年間100公演以上をこなしていましたが、舞台がややマンネリ化していたことは否めなかった。青木（孝夫・北前船）会長の働きかけが成功して歌舞伎界の大御所を迎えて団員は高い芸術性に触れて刺激されました」

坂東玉三郎は「アマテラス」（06年）などで共演し、鼓童の芸術監督も一時期務めた。

──日本を代表する太鼓芸能集団はこれからどういう舞台を目指すのでしょうか？

「鼓童は成熟期を迎えていますが、伝統的な演目を踏襲するだけでなく、常に新しいものも採り入れていきます。40周年企画の『鼓』に続いて新たな要素を入れた『童』を制作中です。鬼太鼓座時代から行ってきたオーケストラとの共演も、新たに東京交響楽団や指揮者下野竜也さんと準備しています（2021年に実現した）」

──コロナ禍のため、2020年は半年ほど全く公演ができなくなりました。この中断期間は鼓童にとってどのような意味がありましたか？

「団員は佐渡に住んでいますが、これまでは年中公演ツアーのため島外を旅していることとがほとんどでした。だから、これほど長く佐渡にいたことがなく、若い団員は作曲した音源を蓄えていました。インターネットラジオで直接配信することもした。ものづくりに取り組めた貴重な期間になりました」

——これからの課題は?

「コロナ禍に対しては柔軟に対応でき、どういう形でも音楽は発信できた。だが、公演をしないと経済的には苦しい。公演ができなくても活動を成り立たせる工夫が大事になります」

「鼓童村のように、周囲に気兼ねなく夜まで太鼓の音が出せる環境はそうはありません。風や雨の音が感性を刺激してくれる佐渡の自然環境は貴重で感謝しています。加えて、これほど、伝統芸能が身近にある土地もない。団員たちが『ちょっと出かけてくる』といって集落に伝統芸能を習いに行ける。集落の方々も迎えてくれる。ですから、佐渡島や新潟県のために鼓童のできることがもっとあるはず。地元の方々により身近に感じてもらえる仕掛けをつくっていきたいですね」

コラム③　車田植と博物館カフェ

日本海を眼下に望む佐渡島北端の高台。一面に広がる田んぼに年配の女性の歌声が響き始めました。

〽植えた車田《くるまだ》はよう、穂に穂がさがるよう

歌に合わせて田植えをしながら豊作を祈る「車田植」です。こうした風習は、佐渡島以外では岐阜県高山市に残っているだけだそうです。国の重要無形民俗文化財にも指定されている貴重な伝統行事を取材できたのは2021年5月でした。

車田植は一帯の田植えが終わったあとに行われます。田んぼにお神酒《みき》が注がれたあと、あぜに立った山岸美幸さん（87）が田植え歌を歌い始めます。田んぼに入った3人の早乙女が、中心から渦巻き状に後ずさりしながら手で苗を植えていきます。車状にするのは、「神

車田植では３人の早乙女が歌に合わせて植えていった。後方は日本海＝2021年５月、佐渡市北鵜島

が降りる目印」と信じられているからです。

この年は地元の内海府小学校と内海府中学校の児童生徒７人も歌に加わりました。この日に向けて練習してきた子どもたちの涼しい歌声が響き渡ります。田んぼを所有する北村佐市さん（67）は「子どもたちは昨年から練習を重ねてきた。子どもたちの田植え歌は素晴らしかったね」と話していました。

車田植のような佐渡島の習俗や祭りについて秘話を交えて膝詰めで語る談話会「博物館カフェ」が佐渡市の佐渡博物館でこの年の10月から始まりました。

初回には館長の池田哲夫・新潟大学名誉教授（民俗学）が車田植について語りました。約40年前に撮影された貴重な映像を披露しながら、前年末や正月の祭事を経て車田植に至る豊作祈願の一連の習俗であることを説明しました。

市内に住むパート勤務の女性（56）は回覧板で知って申し込んだといいます。「聞いたことはあるけれど、中身はよく知らない島の行事について知ることができました」と満足そうでした。2回目以降は「卯《う》の日まつり」や「羽黒神社やぶさめ」、「盆と正月」、「佐渡の食・海藻を食べるということ」といったテーマが並んでいます。著名な学者らの話を無料で聞けるとあってすでに募集定員は満席で、伝統行事への市民の関心の高さを感じさせました。

第6章　すべては金山から

不思議な島、佐渡はそもそもどうやってできたのか。地質研究から推測されるのは以下のような太古の地殻変動だ。

文献によると、約2300万年前から約1600万年前までの間、アジア大陸の端で、金や銀などの金属を含んだ地中の熱水が地表近くまで上昇して冷やされ、金と銀は石英の中に沈殿して金鉱脈となった。この地層がアジア大陸から離れて日本海の底を東に移動し、隆起して二つの島となった。現在の大佐渡山地と小佐渡山地に当たる。これら二つの島の間の海が土砂の堆積によって埋め立てられてつながり、今の佐渡島が誕生した。そうであるなら、佐渡金山の金鉱脈は佐渡島が誕生する前にすでにできており、アジア大陸から長い旅をして日本列島の沖合まで来て佐渡島となり、日本に最大級の金と銀をもたらしたことになる。トキの野生復帰でも中国の存在が不可欠であったように、アジア大陸との縁を感じる。

佐渡金山は古い順に①西三川《にしみかわ》砂金山、②鶴子《つるし》銀山、③相川《あいかわ》金銀山の三つの鉱山遺跡から成り、総面積は約740ヘクタールに及ぶ。いずれも国の史跡に指定されている。日本政府は2022年、佐渡金山をユネスコに世界文化遺産候補として推薦するに当たり、地理的、歴史的に近い相川金銀山と鶴子銀山を一体として「相川鶴子金銀山」とし、これに西三川砂金山を加えた2遺跡を構成資産として推薦した。
佐渡金山については「佐渡金銀山」とも呼ばれる。本書では表記を「佐渡金山」で統一した。

■平安時代の文献に登場

佐渡金山が最初に歴史に登場するのは、平安時代に編纂《へんさん》されたとされる『今昔物語集』だ。その第26巻に「能登の国の鉄を掘る者、佐渡の国へ行きて金を掘る語」との説話が載っている。今は昔、能登の国（現在の石川県）の鉄を掘る者たちの頭が国守の命令でひそかに佐渡島に渡り、金を採取して国守に献上して姿を消すという物語だ。

次に記されているのは鎌倉時代に編纂された説話集『宇治拾遺物語』だ。その「五四佐渡の國に有金事」の章。佐渡島に程近い能登国の鉄掘り衆の頭が佐渡島に行って金を採取し、能登国守にこっそり差し出して去ったという。『今昔物語集』と同じ内容だ。

室町時代に佐渡島へ流された世阿弥が残した『金島書』にも「かの海に、金の島のあるなるを、その名を問へば佐渡と云也」、「これを見ん残す金の島……」などとある。

佐渡市発行の『「佐渡金銀山」視察資料集』によると、これらに出てくるのは西三川砂金山とみられる。西三川砂金山でいつから採掘が始まったのかは分からない。江戸時代の記録によると、本格的な開発が始まったのは室町時代末期の１４６０（寛正元）年ごろとみられる。さらに、１５８９（天正17）年に佐渡島を平定した越後の戦国武将上杉景勝が鉱山経営に乗り出した。景勝は産出した砂金を豊臣秀吉に献上した。さらに佐渡島に代官を置いて西三川砂金山に加えて鶴子銀山の開発を進めた。

■島内最古、集落を挙げて採掘　西三川砂金山

２０２０年２月に訪ねた西三川砂金山は、雪の残る小佐渡山地南西部の海岸近くのゴルフ場裏手にひっそりとたたずんでいた。

一見してどこにでもあるのどかな山村だ。案内パンフレットや道路脇の説明板がなければ、この一帯が平安時代の『今昔物語集』に登場する砂金の産地と推定され、１８７２（明治５）年まで採掘が続き、携わった人々の子孫がいまだに暮らす国指定史跡とは気付かないだろう。

かつてこの地で、集落を挙げて行われた採掘のやり方は「大流《おおながし》」と呼ばれる大胆なものだった。

まず、大量の水をためる堤（池）を造り、その水を流す水路も築く。次に、金鉱石を含んだ山の斜面をごっそり削る。麓に落ちた土砂の塊に向け、堤から水路を通じて水を一気に放流し、余分な土砂を洗い流す。あとは、川底に残った砂金をすくい取る、といった方法だった。適地を探しては、これを何度も繰り返した。

そのうちの一つ、虎丸山《とらまるやま》の山腹には、樹木の間に削り取られた跡が今でも見て取れる。別の立残山《たてのこしやま》の麓には堤の跡や石を積んで造った水路の跡が残っている。

閉山した鉱山の集落はやがて消えるのが通例だ。しかしここでは、採掘に携わった人々の子孫が「笹川集落」として残った。佐渡市によると、30世帯約80人（２０２０年2月時点）の住民が棚田で耕作する兼業農家となって維持され、明治時代の閉山時からそれほど減っていないという。２０１１年には国の「重要文化的景観」に選ばれた。

江戸時代、西三川砂金山の名主を務めた金子勘三郎家の建物も主要な史跡の一つだ。約８６０平方メートルの敷地には主屋と納屋、牛納屋、土蔵、便所が残っている。しかし、かやぶきの屋根は大きく破れ、土壁もはがれていた。２０１６年、金子家の子孫から建物を買い取った佐渡市は、２０２０年度から修復工事に着手した。市によると、文化財としての価値を保つため、建設当時と同じクリなどの木材を使い、同じ仕様で工事を進めている。まず、主屋（約１２５平方メートル）の屋根を解体して取り外した。老朽化で使えない部材に限って新たな部材を継ぎ足した。耐震用の補強部材には「令和３年」の焼き印を押した。土壁に使う泥は粘度を増すために市内の農地で熟成させた。

佐渡市は主屋の修復を終えたのち、納屋など他の建物を修復して２０２８年度に全体の工事を終える計画だ。修復した建物は公開するという。

修復される金子勘三郎家の建物＝2021年11月、佐渡市西三川の笹川集落

佐渡市は２０２０年、「史跡佐渡金銀山遺跡整備基本計画」を作り、国や県の補助を得て工事を始めた。金子勘三郎家の修復工事もその一つだ。西三川砂金山を含む佐渡金山は

2022年に世界文化遺産登録に向けて国内推薦されたが、史跡の適切な保存は世界遺産への要件になっている。

住民でつくる「笹川の景観を守る会」(金子一雄代表)は、見学希望者に有料でガイドを務めていた。後述する佐渡市相川の佐渡金銀山ガイダンス施設「きらりうむ佐渡」で上映されている「大流」の再現映像には、笹川集落の住民たちが出演している。「最古の金山」を守る住民たちは世界遺産登録を心待ちにしていた。

■遺構や代官屋敷跡残る　鶴子銀山

大佐渡山地に連なる相川金銀山から南に約3キロ離れた鶴子銀山。発見されたのは室町時代末期の1542(天文11)年とされ、前述のように、佐渡を攻略した上杉景勝によって鉱山経営が本格化した。

ここを訪れた2020年2月、中腹の林道駐車場から山道を登ると、脇に「この下4メートル付近」の石柱が見えた。そこは、1946(昭和21)年の閉山まで近代的な採掘施設を備えた坑道が延びていた場所だが、その後の水害により、今は坑口も含めて遺跡は地中深くに眠っていた。

さらに登っていく。掘り出した銀鉱石を選別した選鉱遺構や、鉱石から銀を取り出した製錬炉があったことを示す説明板が目に入った。ただ、こちらも、江戸時代に鉛を活用した灰吹法と呼ばれる製錬作業が行われていた跡を物語るものは見えない。保護のため、埋め戻しているためだ。

ようやく実際に遺跡を見ることができたのは、直径約2メートルの井戸跡だった。選鉱に必要な大量の水を確保するために掘られた。いま、深さ4～5メートルの内部には雨水がたまっており、転落防止の柵で囲われていた。

鶴子銀山で使われた井戸＝2020年２月、佐渡市の鶴子銀山跡

周囲には銀山を経営した代官屋敷の跡や鉱山で働いていた人々が住んでいた跡も発掘されているが、建物は残っていない。

この斜面の北側には、巨大な露頭掘り跡が残っている。地表に出ていた銀鉱石をそのまま掘り進んでできた穴だ。市によると、５５６基が確認されている。

大航海時代の国際通貨であった銀。鶴子銀山がその有力な供給源だった可能性を指摘する研究者もいる。

鶴子銀山から掘り出した銀を、積み出し港のあった真野《まの》湾の沢根《さわね》まで運んだ旧道「西五十里道《にしいかりみち》・鶴子道」も残っており、文化庁から２０１９年、「歴史の道百選」に選ばれている。

■江戸幕府の財政支えた佐渡金山

相川金銀山は関ヶ原の戦いの翌１６０１（慶長６）年に開山された。徳川幕府は佐渡島を天領とし、１６０３（慶長８）年に佐渡奉行所を置いて金銀の採掘を独占し、幕府の財政を支えた。

相川金銀山は明治時代に入って官営となり、外国人技師を招いて近代化した。一時皇室財産となった後、１８９６（明治29）年、三菱合資会社に払い下げられ、旧三菱財閥の傘下に入った。戦後の財閥解体後は、太平鉱業、後の三菱金属鉱業が経営。さらに三菱金属

（現、三菱マテリアル）に変わり、１９７３年に佐渡金山株式会社として独立した。しかし、金鉱脈の枯渇により１９８９年３月、操業を停止した。これは閉山ではなく、あくまで休山としている。

西三川砂金山や鶴子銀山を含めた佐渡金山全体の産出量は記録上、金78トン、銀２３３０トンとされる。その大半を産出したのが、休山するまで国内最大級の金銀山だった相川金銀山だ。そのため、相川金銀山を称して「佐渡金山」と呼ばれることが多く、佐渡市内にある相川金銀山の道標などにも「佐渡金山」の表示が見られる。

佐渡金山の象徴的な存在となっている国史跡の「道遊《どうゆう》の割戸《わりと》」（佐渡市相川銀山町）は、高さ２５２メートルの山頂から露頭掘りで進められ、中腹まで真っ二つになっている（６ページ参照）。坑道の総延長は約４００キロメートルで、現在でも四つの坑道が観光用に公開されている。

採掘された金鉱脈の跡を直接見ることのできる場所がある。佐渡市相川の金銀山跡駐車場だ。目の前には道遊の割戸の北側がそびえる。それに連なって土が露出している崖は、一見してどこにでもあるような地滑り跡に見える。実はこれこそが長さ2キロ、深さ５００メートル、幅６メートルにおよぶ金鉱脈だった「青盤脈《あおばんみゃく》」の跡だ（６ページ参照）。

佐渡島は全体が日本ジオパークに指定されており、島内には２３７カ所の見どころがある。ここもその一つで、２０１８年９月に開催されたジオパークツアーで解説を担った佐渡市学芸員の市橋弥生さんは、金鉱脈を卵サンドイッチに例えて説明した。「サンドのパンに当たる部分が岩盤で、それに挟まれた卵部分が金鉱脈。間にあった金鉱脈を採掘したため、掘り尽くした跡には、片方のパン部分の一部が崖になりました」

坑内のわき水を排水するため、江戸時代に岩盤をくりぬいて日本海まで掘られた南沢疎水道は現在も使われている。佐渡市の資料によると、掘り始めたのは１６９１（元禄４）年からだ。特筆すべきは、全長９２２メートルの排水路を６カ所から同時に掘り進め、５年後に誤差がなく開通したという当時の測量技術だ。工事は手掘りであり、１カ月に約16メートルのペースで進んで完成させた。

世界文化遺産候補の対象となったのはこうした江戸時代の遺跡群だ。世界遺産候補の対象には含まれないものの、明治以降に設置された北沢浮遊選鉱場や大立竪坑《おおだてたてこう》などの近代施設も保存されている。

■すべて手作業による一貫生産

世界文化遺産候補となった手作業による金銀の生産とはどのように行われたのか。

坑道は地中を手掘りで掘り進められ、さながらアリの巣状態になっていた。金鉱脈に行き着くと金鉱石の採掘が始まる。金属製の「上田ばし」（金ばさみ）に金属製の「たがね」を挟んで付け、さいづち（ハンマー）で岩盤の表面を砕いて割っては金鉱石を掘り出していく。この作業を担う労働者は「金穿大工《かなほり》」と呼ばれた。坑道は崩れないように木材と石で補強された。この作業は山留《やまどめ》と呼ばれた。重要なのは現代の坑内作業と同様に換気と排水だった。とくに大量の排水との闘いは難題で、おけを使ったほか、水上輪（アルキメデスポンプ）と呼ばれた円筒形の木製揚水器も利用された。

掘り出された金鉱石は佐渡奉行所に持ち込まれた。奉行所内の勝場《せりば》と呼ばれる精錬所に運ばれ、ここで鉱石を砕いて灰吹法と呼ばれる技術で精錬し、金と銀を取り出した。さらに小判などの貨幣が製造された。奉行所の監視の下で、作業はすべて老若男女の作業員が担った。貨幣は陸路で佐渡島南部の小木《おぎ》港まで運ばれ、そこから海路と陸路で江戸まで運ばれた。

■実在の人間をモデルにした坑内の人形群

地底の金鉱石を手作業で掘る金穿大工、わき出る水をくみ出す水替人足……。江戸時代の採掘の様子を再現したのが相川金銀山の観光坑道だ。そこで働く65体の人形たちの表情が妙に生々しい。それもそのはず、彼らの顔のモデルとなったのは、金山と関わりのある実在する人びとだった。

周囲の山肌に雪が積もっている2021年1月、相川金銀山の宗太夫《そうだゆう》坑に入った。気温10度の坑道では天井の岩盤を支える坑木の交換作業が行われていた。国の史跡に指定されているため、作業は「山留普請《ぶしん》」と呼ばれた江戸時代と同じ工法が採られ、すべて人力だ。

観光用に整備された延長約280メートルの坑道では、11カ所で江戸時代の採掘風景が再現されている。狭い木製の足場で鉱脈に向かってたがねを打ち込む者。鉱脈の位置を探すため、測量術を使って調べる者。採掘の安全を祈願する者。等身大で当時の服装のまま働く彼らはすべて人形だ。暗い地中で無理な姿勢のまま石粉にまみれた当時の重労働がしのばれる。

観光客らが近づくと、センサーが感知し、人形が動き、しゃべり出す。休憩所で休む者

（左）人形のモデルになった出崎邦利さん＝2020年10月、佐渡市内。
（右）出崎さんがモデルになった人形＝2020年10月、佐渡市の相川金銀山宗太夫坑

はつぶやく。「早く外へ出て酒が飲みてぇ」

相川金銀山の管理運営会社「ゴールデン佐渡」によると、人形が設置されたのは1970年という。当初、既製品のマネキン人形を置いたところ、不評だったため、頭の部分を作り直した。改修時期は特定できない。

「リアルさを出すために当社や関連企業の関係者がモデルになったと聞いています」と取材当時の浦野成昭社長（63）は説明した。動かない人形が1体50万円、電動で動くものは100万～300万円かかったという。

モデルとなった人々はすでに他界したり、連絡がとれなくなったりしているが、その一人に会うことができた。佐渡市に住む出崎邦利（70）。金山の麓で電気システムの保守を

請け負う新日興業の第二工事部長だった。人形が設置された当時から電気設備の配線工事で金山と関わってきた。

出崎が保管していた「昭和59年（1984年）」と記された坑内の図面を見ながら、記憶をさかのぼってもらった。「このころだったと思う。人形のモデルに誰かいねえかと言われ、ゴールデン佐渡の社員だけでなく、私らのような外部の人間もモデルになった」と明かした。

人形のデザインを担当したのは「TEM《テム》研究所」（東京都日野市）だった。出崎らの写真を撮って人形を作ったという。出崎は振り返る。「私は当時30代。人形のことはテレビでも取り上げられ評判になった。ドラマの場面にも使われ、撮影に立ち会ってほしいと頼まれ、一晩中、照明を手伝ったこともあったな」

写真を基に人形の顔のデザインに当たったTEM研究所の真島俊一所長（74）に聞いた。真島によると、当初置かれていたのは「マネキンで、外国人の顔だった」という。それが観光客に不評だったため、「当時のゴールデン佐渡の社長以下、金山で働いていた人々の顔をモデルにしたんです。そうしたら、観光客のみなさんが、大切に扱ってくれるようになった。さい銭まで置いていく観光客もいた」。

過酷な労働のため短命だった無宿人を追悼する碑が1985年、金山近くに建立された。その建設資金には、坑道から集められた170万円のさい銭が使われた。今でも人形の前にはさい銭が置かれ、ゴールデン佐渡では「無宿人供養祭」の費用に充てている。

真島は武蔵野美術大学の学生だったとき、学友と佐渡島の宿根木集落を生活文化の調査に訪れたことがある。そのとき知り合ったゴールデン佐渡の関係者からの依頼で、佐渡金山絵巻の調査や、採掘・製錬作業、佐渡奉行所などの復元模型の制作に当たった。それらの成果は相川金銀山の資料館に残されている。

編集に当たった『図説佐渡金山』（1985年刊）は、金山や鉱山文化を体系的に分かりやすくイラストや写真で解き明かしていると評価される。当時真島らの研究活動を指導したのは、第5章で登場した民俗学者の宮本常一・武蔵野美大教授だった。その実証的な研究手法が、坑内作業の再現にも生かされている。

世界文化遺産に向けて推薦された佐渡金山。その坑内で働き続ける人形たちは、金山の運営に関わってきた人々の分身（アバター）に私には見えた。

排水作業に当たる人形＝2021年1月、佐渡市の相川金銀山宗太夫坑

金鉱石を掘る人形＝2021年1月、佐渡市の相川金銀山宗太夫坑

■手つかずの坑道にはコウモリ

相川金銀山には採掘当時のまま手つかずで保存されている坑道もある。その一つ、無名異《むみょうい》坑に入ったのは2018年10月だった。管理するゴールデン佐渡によると、ここからは金鉱石だけでなく、薬や焼き物などの材料に使われた赤土「無名異」が産出され、その名前を坑道名にしたという。

「無名異坑」と記された木製の立て札がある坑口はひっそりとたたずむ。案内してくれるゴールデン佐渡のガイドが鍵のかかった鉄製の柵を開ける。ヘルメットにキャップランプ、長靴姿で入ると、ひんやりした空気に包まれる。坑道の高さは1・6メートル前後で、場所によって身をかがめないと進めない。周囲にはむき出しの赤茶けた岩盤が迫る。断層の表面も顔を出す。

昭和時代まで操業が続いたとあって、足元にはさびたレールが延びる。水たまりもあって、つまずかないように明かりを頼りにゆっくりと歩く。坑道の一角に木製のトロッコが残されていた。1トンほどの金鉱石を入れて人力で押したという。密閉されたトンネルでは重労働だったことだろう。

相川金銀山無名異坑の入り口とガイド＝2018年10月、佐渡市相川地区

坑道の脇には、天井から下方に通じる斜面が見える。上の方で掘り出した金鉱石を地表近くに落とすために使った跡だ。

暗闇の足元から、かすかに歌声が聞こえる。この坑道の真下には前出の宗太夫坑が走っている。江戸時代に坑夫たちは掘削の安全を祈って歌った。現在、観光客向けにその歌が再生されていて、その音が漏れてくる。地中を縦横無尽に走る坑道の複雑な構造を感じた。

歩き始めて20分ほどで最初の採掘跡に着いた。トラック1台分ほどの空間がぽっかりと空いている。金鉱石が採られた後の岩肌には白いカビと水滴。天井部分ではコウモリが3匹つり下がって休んでいた。

ゴールデン佐渡では、手つかずの坑道を探検するツアーを無名異坑と大切山《おおぎりやま》坑で行っていた。

■今も生きる鉱山町相川

相川金銀山の周辺には、国史跡佐渡奉行所跡（佐渡市相川広間町《ひろまち》）がある。火災で焼失した奉行所の建物は2001（平成13）年に復元された。奉行所内で金銀を製錬した工程も再現しており、いずれも公開されている。

この佐渡奉行所で2019年10月に茶会が開催されると聞いて取材した。明治の実業家で茶人「鈍翁《どんのう》」としても知られた佐渡島出身の益田孝（1848～1938）をしのぶ「佐渡鈍翁茶会」で、佐渡市などが主催してこのときで3回目だった。

採掘当時の状態で保存されている坑道＝2018年10月、相川金銀山無名異坑

鈍翁こと益田孝の父親は幕末の佐渡奉行所に勤める役人だった。奉行所は鈍翁ゆかりの場所なのだ。茶席は建物内に設けられ、鈍翁の書やゆかりの茶器類も展示された。島内外から茶道愛好家らが参加した。

鈍翁は通訳から貿易に開眼し、明治時代に入って27歳で旧三井物産を設立した。この茶会を総合監修した茶道文化振興会（東京）の北見宗幸理事長は「茶道の世界では『千利休以来の茶人』といわれますが、近代の日本経済をつくった一人でもある。庶民が身近に尊敬できるカリスマ的存在」と紹介した。三井物産の藤井晋介副社長も出席し、「それまでなかった総合商社をつくり、貿易立国日本の礎を築いた人物。眼前の利に迷い、永遠の利を忘れることなかれという考え方は綿々と引き継がれています」と、経済人としての鈍翁に触れながらあいさつした。鈍翁のひ孫、益田純（71）は「魅力にあふれた佐渡だが、人口減少という課題を抱えている。こんなときだからこそ、昔この丘の上から未来を夢見た益田孝の後を継ぐような若い佐渡人が生まれてほしい」と述べた。

相川地区には佐渡奉行所のほかにも伝統的な町家街や美術館に使われている旧裁判所などの名所が残る。鉱山町の風情を残す一帯の街並みは国重要文化的景観に指定されている。

復元された佐渡奉行所＝2021年11月、佐渡市相川広間町

その一角、佐渡市相川上京町《かみきょうまち》にシネマカフェ「ガシマシネマ」がある。映画館のない佐渡島では、客席20席のシネマカフェは貴重な存在だ。木造の建物は旧鉱山住宅を改装して２０１７年４月にオープンした。２０１９年1月に訪ねたときは、旧ソ連から独立後のジョージア（グルジア）を舞台にした映画「花咲くころ」と古典的名作「禁じられた遊び」の洋画２本が上映されていた。「花咲くころ」はミニシアターの先駆者である東京の岩波ホールが創立50周年を記念して紹介した作品で、新潟県内での公開は初めてということだった。

「花咲くころ」は、内戦で混乱したジョージアの社会を背景に、友情で結ばれた14歳の少女二人を描いた２０１３年の作品だ。ジョージアは旧ソ連時代から映画の盛んな土地柄で、この作品は各地の映画祭で受賞したという。

ガシマシネマを経営する堀田弥生（42）は「社会にいやおうなく取り込まれながら、どこか傍観している少女の描き方に共感できます」と語った。戦争を背景にしたフランス名画「禁じられた遊び」との２本立てとした。

西三川砂金山と鶴子銀山、相川金銀山の各々の歴史と佐渡金山の全体像を映像にして30分で分かるようにしたガイダンス施設「きらりうむ佐渡」（同市相川三町目浜町）が

2019年に開館した。施設は鉄骨造り1階建てで、床面積は約1100平方メートル。世界遺産登録を目指して佐渡市が約9億3千万円をかけて建てた。展示室には解説パネルがあるが、目玉は四つのミニシアターだ。いずれも再現ドラマ仕立ての「豊穣《ほうじょう》の島佐渡―奉行が見た『こがねの島』」、「大流し―山を掘り崩す砂金採り」、「見えない金を取り出す―江戸時代の相川金銀山」とプロジェクションマッピングの「近代鉱山の幕開け―佐渡鉱山誕生」の4編が上映される。上映時間は計約25分間だ。前述のように、これらの映像の中には島民がエキストラで出演している。

■宵乃舞

宵乃舞＝2020年10月、佐渡奉行所

〽どっと笑うて立つ浪風《なみ》の――。この鉱山町を相川音頭を踊りながら練り歩く恒例の「宵乃舞《よいのまい》」を取材したのは2020年10月の夜だった。例年6月に開かれるが、この年はコロナ禍で開催を延期した上、感染防止対策を講じた。会場も観客で混み合う通りを避け、例年終着地点となってきた佐渡奉行所だけで行った。金山の運営と製錬を担った佐渡奉行所がぼんぼりの明かりで闇の中に浮かび上がり、三味線と民謡の調べに乗った踊りが醸し出す優雅な世界に、延べ約400人の見物客が酔いしれた。

民謡の発表の場と地域活性化を目指す恒例行事はこの年で19回目を数えた。出演したのは、島内六つの民謡愛好会や新潟県佐渡地域振興局、東北電力グループなど計10団体、延べ約300人だった。その中には、三味線を弾く前出の高野元市長や、民謡を謡う藤木元副市長の姿もあり、改めて芸能の島の印象を強くした。

■人間国宝の赤水窯

鉱山町には人間国宝の一人、陶芸家の5代目伊藤赤水《せきすい》（79）が窯を開いており、2020年に取材で訪れた。赤水窯は、佐渡金山から出る土、無名異を素材に使ってきた。

赤褐色の無名異は鉄分を多く含み、止血剤に使われた時代もあった。赤水の祖先は、江戸時代から金銀の製錬に使われたふいごの部品を作り、やがて赤水窯を開いた。佐渡金山が育んだ陶芸だ。

5代目の本名は伊藤窯一《よういち》。京都工芸繊維大学を卒業後、1977年に5代目伊藤赤水を襲名。日本陶芸展最優秀作品賞などの受賞を重ね、作品は米国メトロポリタン美術館など国内外の美術館に収蔵された。2003年に重要無形文化財保持者（人間国宝）に認定される。05年には紫綬褒章を受章。作品は佐渡市の赤水窯本店と作品展示館で常設展示されている。

若いころ、最初に手がけた作品群は「窯変《ようへん》」だった。窯の中で炎の当て方を変えると表面の色が異なってくる性質を利用する手法だった。次に、40代で「練り上げ」という全く異なる手法に挑んだ。赤、白、黒の土を手でつなぎ合わせて花などの模様を描く。赤水は「模様は線で構成されていますが、絵筆ではなく、練り上げで描く線は『温かみがある』といわれます」と語った。

窯変と練り上げという古来からある手法を無名異焼に採り入れて独自の作風を築き、62歳のときに人間国宝となった。その後も、評価の定まった作風に安住しない理由について、赤水は「この仕事を始めて50年。アーティストの端くれとして、自分が作り出すものに対し、いつも新しいところへ行きたいという欲望が強い。ひとところにとどまるべきではないというのが僕の持論」と説明した。

「窯変も練り上げも無名異という土をベースにしている。当家に生まれたこともあって、無名異は私にとって重いファクター。その縛りがない形でいきたいという思いで作ったのが『佐渡ケ島』。従来の陶器では表現できないものを求めています」

工房には、大小の窯やまきなどに交じって岩石を砕く道具が座る。日本ジオパークの佐渡島でとれる岩石を砕くためだ。その工房には赤水の長男で陶芸家の伊藤栄傑《ひでたけ》（42）もいた。6代目の襲名を予定している栄傑は「父とは異なった作風を目指したい」と話した。

工房そばの地下には前出の南沢疎水道が通る。佐渡金山から生まれた窯元は伝統にとどまることなく新たな地平を目指しているように見えた。

第7章　世界文化遺産への道

佐渡金山をめぐる動き

平安時代の『今昔物語集』や鎌倉時代の『宇治拾遺物語』に登場。西三川砂金山とみられる。室町時代末期から採掘が本格化。

1542年　鶴子銀山発見

1601年　相川金銀山開山

1872年　西三川砂金山が閉山

1946年　鶴子銀山が閉山

89年　相川金銀山が操業停止

94年　佐渡奉行所跡と道遊の割戸などが国史跡に指定される

97年　佐渡島内に「世界文化遺産を考える会」発足

2003年　「佐渡金銀山友の会」発足。07年に二つの会が合併し、「佐渡を世界遺産にする会」になる

10年　国内推薦候補が選ばれる「暫定リスト」入り

15年　国の文化審議会が推薦候補見送り。16〜18年も見送り

21年　文化審議会が世界文化遺産候補に選ぶ

22年　政府がユネスコに世界文化遺産候補として推薦

2022年2月、世界遺産を認定するユネスコ（国連教育科学文化機関）に対し、日本政府は世界文化遺産として佐渡金山を推薦した。この時点では2023年の登録を目指したが、日本政府の提出した推薦書の一部に不十分な点があるとユネスコから指摘されたため、日本政府は推薦書を再提出した。このため、2023年の登録実現は難しくなった。2022年に始まったウクライナ戦争の影響で世界遺産の審議日程も不透明になった。また、韓国政府は相川《あいかわ》金銀山で戦時中に朝鮮人が強制労働させられたとして世界遺産への登録に反対している。

世界遺産登録が実現する見通しは立っていないが、佐渡金山が世界文化遺産にふさわしいとの評価は日本国内では固まった。この事実は動かない。

世界には多くの金山があったのに、なぜ佐渡金山が世界遺産の候補に値するのか。それは機械ではなく、人間が手作業で金を求めた証しだからだ。

巨人が斧《おの》で山を割ったような「道遊《どうゆう》の割戸《わりと》」は、前述のように佐渡金山の象徴だ。金鉱石が露出していた山頂から手掘りで掘り進めた結果、標高252メートルの山を真っ二つに割いた。その異様な姿は、飽くなき人間の欲望のなせる業だ。

2021年、佐渡金山を世界文化遺産の推薦候補にふさわしいと認めた文化庁長官の諮問機関、文化審議会は、その理由として「顕著な普遍的価値が認められる」と記した。世界遺産を決めるユネスコ宛てに提出する推薦書の原案で、新潟県と佐渡市は次のように強調している。

（1）鎖国政策の結果、同時代のヨーロッパなどの鉱山での動力機械装置を用いた金生産とは異なり、伝統的手工業による金生産が長期間にわたって続けられた。

（2）採掘から製錬、小判製造までの一連の工程を精緻《せいち》化して高品位の金を生産した。

（3）その結果、日本は17世紀に世界最大級の金生産地となり、輸出された小判は国際貿易に大きく貢献した。

佐渡金山は、400年間に現在の価格で数千億円に相当する金78トン、銀2330トンを生み出した。その主力だった相川金銀山は1989年に採掘を休止した。採算が合わなくなったためだが、閉山ではない。約400キロに及ぶ坑道のうち、前出のように四つの坑道が観光用に江戸時代と同じ手作業で保全されている。佐渡金山の周囲には当時で5万人ともいわれる独自の鉱山町が形成されて今日に至る。第3章で見たとおり、佐渡奉行が奨励した能楽は佐渡島の伝統芸能となり、島内には今も35の能舞台が残る。人力で金銀を求めた人類の証しは、佐渡島とその文化に今も生き続けている。

その佐渡島を世界遺産にふさわしいと考え、世界遺産を目指してきた島民らの足跡を追ってみた。

佐渡市役所に掲げられた懸垂幕
＝2022年1月

■先駆者たち

かつて相川金銀山から採られた金銀を積み出した佐渡島の玄関口、島南端の小木港《おぎ》。佐渡金山を世界遺産にしようと思いついたのは、この港町で建設会社を経営し、市町村合併前の旧小木町で町議も務めた中野洸《こう》（80）だった。

中野の記憶では、発端は1970年代のこと。駐日ギリシャ大使が島を訪れたことがあった。佐渡金山を見学した大使は「佐渡は日本の縮図だ」と語っていたという。大使と同行した知人から後日、中野はそう聞いた。

1993年、日本初の世界遺産に、法隆寺（奈良県）や姫路城（兵庫県）が選ばれた。中野は、あの大使の言葉とともに思った。江戸時代、金山には全国から人々が集まった。「金山を抱えた島はまさに日本の縮図でしょ。その遺跡は世界遺産として残すべきものではないですか」

そんなとき、中野の友人で佐渡島出身の歴史学者、田中圭一・元筑波大学教授（故人）が、世界文化遺産をめざす石見《いわみ》銀山遺跡（島根県）について調査に当たっていた。中野は「佐渡金山も十分に世界遺産に値する」と田中に持ちかけ、意気投合した。

中野と田中は島内の有志を募り、1997年、「世界文化遺産を考える会」を立ち上げた。初代会長には田中が就任した。著書『佐渡金銀山の史的研究』で角川源義賞を受賞した田中は「佐渡金山の保全、その利用は、後輩に残された大きい義務ではなかろうか」と講演で訴えて回った。

6年後の2003年、佐渡金山の中心である相川金銀山を抱える旧相川町の企業経営者や町長らが「佐渡金銀山友の会」を結成した。中心メンバーだった建設会社経営の萩野正作（72）は、金山遺跡の運営会社「ゴールデン佐渡」の名を挙げて、「ゴールデン佐渡をもり立てて世界遺産にしようと集まった」と振り返る。

その翌年に島内10市町村が合併して佐渡市が誕生したのを機に、二つの会は合併。2007年、「佐渡を世界遺産にする会」が誕生した。以来、講演会や啓発イベントを開催したり、遺跡を掃除したりして世界遺産への機運を盛り上げようと今日に至っている。

一方、行政側でも2004年、佐渡市教育委員会に担当部署の「佐渡金銀山室」（現・市世界遺産推進課）ができ、2008年には市議会にも推進議員連盟が結成された。

ただ、中野によると、運動は容易には広がらなかった。「文化は床の間に飾っておくものと思われており、そのために汗をかくという空気はできていなかった。『世界遺産になると、開発などの制約になるのでは』と懸念する向きもあった」。潮目が変わったのは、運動が島の外に広がり、県民レベルへと発展したことだった。

■新潟県ぐるみの運動に

日本国内の世界遺産は「文化」と「自然」で計25件（2022年時点）。新潟県内には一つもない。「佐渡を世界遺産にする会」会長の中野洸は１９９５年に新潟県議会議員に当選すると、県議会で再三、「国内の世界遺産を見ると、登録に向けて県が中心となってきた。本県も積極的に支援を」と求めてきた。

泉田裕彦知事時代の２００７年、県教育庁に世界遺産登録推進室が設けられ、本格的に佐渡市と県の二人三脚が始まった。県議会にも登録推進議員連盟が発足した。

この年、同じ鉱山遺跡の「石見銀山」（島根県）が一足先に世界遺産登録を実現させた。文化庁や島根県によると、翌２００８年の文化審議会で石見銀山に佐渡金山を加える案が浮上したが、島根県側が「大きな戸惑いを感じており、現時点では受け入れる状況にない」（県教育長コメント）との反応だった。佐渡金山は単独で世界遺産を目指すことになり、２０１０年、国推薦の「候補」を意味する「世界遺産暫定リスト」に登録された。

２０１４年には新潟県内の政官・経済界を網羅する形で登録推進県民会議も発足。「佐渡を世界遺産にする会」の会員は個人１３０８人、法人２２６社を数える（２０２１年時点）。

県を挙げての態勢が整った２０１５年、新潟県と佐渡市は満を持して、世界遺産登録の基となる推薦書原案を文化庁に提出した。世界遺産登録に向けた運動が始まって20年近く

世界文化遺産への国内推薦が決まり、会見する中野洸会長（左端）と渡辺竜五市長（左から２人目）ら＝2022年１月、佐渡市役所

がたっていた。

だが、実現への道は険しい。世界遺産を決めるユネスコが新規登録を抑制する傾向にあり、日本政府も国内からの推薦数を年１件に絞っている。15年以降、国内推薦の当否を答申する文化審議会が推薦したのは、次の４件だけだった。

①２０１５年　宗像・沖ノ島（２０１７年世界遺産登録）
②２０１６年　長崎・天草の教会群（２０１８年登録）
③２０１７年　百舌鳥《もず》・古市古墳群（２０１９年登録）
④２０１８年　北海道・北東北の縄文遺跡群（２０２１年登録）

ライバルの大願成就を横目に、佐渡金山は２０１８年まで４回続けて「落選」の憂き目を見た。２０１９年は推薦書原案の提出を見送り、２０２０年は新型コロナウイルス禍でユネスコや文化審議会の選考自体が持ち越しとなった。

２０２１年３月、新潟県と佐渡市は「５度目の正直」を目指して推薦書原案（改訂版）を提出した。新潟県教育庁世界遺産登録推進室の担当者は「文化審議会から課題を出され、佐渡市とともに推薦書原案を作り直しては再提出してきた」と話していた。

年の瀬の２０２１年12月に答申した文化審議会は「一部修正すべき課題はあるものの、全体として顕著な普遍的価値が認められ得る」との理由で、佐渡金山を世界文化遺産候補に選んだ。

■三菱とゴールデン佐渡

佐渡金山の主要遺跡である相川金銀山を所有する株式会社ゴールデン佐渡は、史跡の保全作業に余念がなかった。ゴールデン佐渡によると、１６０１（慶長６）年に採掘が始められたとされる相川金銀山の鉱脈は８本で東西３０００メートル、南北６００メートル、深さ８００メートルに及んだ。その金鉱脈めがけて掘られた坑道の総延長は約４００キロに達した。

坑道を安全に保つ作業は観光客の少ない冬場に主に行われる。使うのは佐渡特産アテビの材木だ。「史跡なので江戸時代と同じ状態で保存する必要がある。鋼材は使わず、木材は約10年で交換する」と担当社員。坑道の天井を覆う岩盤の点検も欠かせない。江戸時代に「山留普請《やまどめぶしん》」と呼ばれた作業は今もすべて人力だ。

金山から小木港まで金を運んだ道筋を追体験する小学生の遠足＝2021年10月、佐渡市内

第6章で述べたとおり、相川金銀山は1989年3月、操業を停止した。一方、1960年代から宗太夫坑《そうだゆう》を観光坑道として公開したところ人気を集めたため、1970年に観光会社として設立されたのがゴールデン佐渡だった。佐渡金山株式会社はゴールデン佐渡に吸収され、以後、同社が観光事業とともに相川金銀山の維持・管理に当たってきた。

そのゴールデン佐渡が世界遺産を目指すよう

になったのは、佐渡金山を世界遺産にと島内で盛り上がった機運に押されたのがきっかけだった。取材した2021年当時、そう証言したのは2004年から5年間ゴールデン佐渡社長を務めた永松武彦（76）＝千葉県在住＝だ。

鉱山技術者出身の永松は「日本の近代化に重要な役割を果たした鉱山は、後世に遺産として残さなければならない。佐渡は金山として日本一だった。残すために世界遺産にと考えました」と語った。

10代目の社長河野雅利（57）は「（世界遺産候補の審査に当たる）イコモス（国際記念物遺跡会議）の現地調査を受けることになる。史跡の維持管理に万全を期したい」と語った。

■正念場の保存事業

佐渡金山の象徴、「道遊の割戸」は金鉱脈を山頂から下へ採掘していったため、幅約30メートル、深さ約74メートルにわたって真っ二つに割れている。その異様な光景は江戸時代の絵巻にも描かれており、長期間にわたって特異な形状を保ってきた。だが、2011年2月、前出の青盤脈跡を望む北側の斜面が崩れ、土砂が観光道路を埋めた。「道遊の割戸」

は国指定の史跡であり、文化財保護法上の管理団体は地権者でもある佐渡市だ。市によると、風化はとどまらず、小規模の崩落は続いているという。崖下の道路沿いには落石防止の土手が設けられたが、斜面をコンクリートで覆ったり、樹脂を注入したりといった通常の防止策はとれない。「史跡として、そのままの状態を保たねばなりませんから」と市の担当者は明かす。「道遊の割戸」は、文化財保護の難しさも併せて象徴している。

鶴子《つるし》銀山や西三川《にしみかわ》砂金山も加えた約740ヘクタールに及ぶ佐渡金山の史跡群を、どうやって保存するか。

佐渡市は2020年3月、「史跡佐渡金銀山遺跡整備基本計画」を策定した。10年がかりで、樹木や下草が遺跡に及ぼす影響や近代鉱山施設の劣化、山あいに埋没している遺跡の状況を調査して、必要な整備を施すことにした。

2020年度には前出の西三川砂金山の名主、金子勘三郎家の改修を始めた。計画策定に先駆けて2019年度から着手している保存工事の2021年度まで3年間の事業費(20、21年度は当初予算)は約10億円だ。このうち、国が半分、新潟県が2割を補助している。計画全体に見込まれる予算額は市が算定中だが、人口5万人余りの市だけではとても賄えず、国や県からの補助金が頼りだ。

■金山ミカンと金山コーヒー

世界文化遺産への登録を願って商品開発も相次いでいる。

2021年、佐渡金山の坑道で熟成させた「佐渡金山みかん」の試行期間が終わり、本格販売が始まった。この商品は、新潟県が園芸振興策として2018年度からJA佐渡と協力して開発したものだった。新潟県によると、国内のミカン産地では北限とされる佐渡産は、温暖な佐渡島南部で栽培される。そのミカンを佐渡金山の坑道に2週間貯蔵する。坑道内は一定の温度と湿度に保たれるため熟成が進み、酸味と甘みのバランスがとれた、深みのある味わいになったという。

佐渡市内のホテルや旅館の女将《おかみ》でつくる「美佐渡会《みさと》」が協力し、客に試験的にふるまった。また、首都圏で試験販売したところ好評だったため、2021年度は市内の宿泊施設や佐渡金山でお土産として120キログラムを限定販売した。「佐渡金山400年の歴史が酸味と甘みに深みを加えました」が売りだ。新潟県の出先機関、佐渡地域振興局の伊花純雄・農林水産振興部長は「世界遺産への期待がかかる金山の坑道を活用してプレミアム

売り出された金山みかん=2021年12月、佐渡市内のホテル

商品にしたい」と語った。

同じく坑道で熟成させたコーヒー「金山熟成　佐渡金銀山珈琲《コーヒー》」も登場した。「雪室珈琲」で知られる鈴木コーヒー（新潟市）が新潟県立大学と連携し、金山の坑道でコーヒー豆を２週間熟成させると、甘みの引き立つさわやかな味わいになることを確認。豆は「コーヒー産地の文化的景観」として世界遺産に登録されたコロンビア産を使った。２０２１年７月に発売したところ完売した。同社は増産のため佐渡金山の坑道での貯蔵を再び始めた。

コラム④　全島ジオパーク

大地の成り立ちと歴史との関連の分かる景観が保たれている地域として指定される日本ジオパーク。周囲約280キロメートルの佐渡島の全域がこの日本ジオパークに指定されています。『佐渡ジオパーク現況報告書2017―トキが舞う金銀の島　3億年の旅とひとの暮らし』（佐渡ジオパーク推進協議会編集）によると、島内の237カ所が見どころ（ジオポイント）に挙げられています。

その一つ、島北端の大野亀では6月になると、100万本といわれるトビシマカンゾウが見頃を迎えます。佐渡島以外では山形県の一部にしか自生していないユリ科の希少種が、丘陵一帯に黄色のじゅうたんを広げ、ジオパーク海岸の景観に花を添えます（10ページ参照）。佐渡カンゾウ祭りも開催され、佐渡民謡や鬼太鼓《おんでこ》などが披露されます。

日本ジオパークに認定するのは日本ジオパーク委員会です。4年ごとに審査する日本ジオパークは全国に46カ所あります。このうち新潟県糸魚川市など10カ所は国連教育科学文

絶景の海岸沿いに設けられたトライアスロン大会のコース＝2019年、佐渡市内

化機関（ユネスコ）から世界ジオパークに認定されています（2023年5月現在）。

佐渡島が日本ジオパークに認定されたのは2013年でした。2017年の再審査では保全状態などが問題視され、2年限定の再認定となりましたが、2019年には再び認定され、佐渡島の関係者は歓喜と安心の表情を浮かべたものでした。

ジオパークの絶景を見ながら競う佐渡国際トライアスロン大会（実行委員会など主催）も毎年夏に島全域コースで行われています。コロナ禍前の2019年には島内外から約1900人の鉄人たちが挑み、島民ら約3千人のボランティアが支えました。この年で31回目。バイクコースは絶景の続く佐渡島の海岸線を1周する190キロで、高低差は約140メートルもあります。最後のランは特別天然記念物トキの生息する国中《くになか》平野に設けられた42・2キロのコース。選手たちは海で泳ぎ、陸路をひた走りました。

ジオパークの島には温泉の源泉が17カ所にあります。この強みを生かして健康長寿と観光に役立てる道を探るシンポジウムが2019年、800年の歴史を持つという佐渡市の新穂潟上《にいぼかたがみ》温泉で開かれました。

この時点で、日帰り温泉を提供する施設はホテルを含めて20カ所近くを数えていました。基調講演に立った市内の介護老人保健施設長、小田隆晴医師が「高齢者が要介護にならないためには『歩け、働け、話せ、遊べ』が大事で、そのためには生きがいが要る。温泉はその一つ。40度以下のぬるいお湯につかるとリラックスでき、血圧を下げる効果もあり、泉質別にさまざまな適応症がある」と効用を強調。入浴頻度の高い人は低い人に比べて要介護リスクが3割減るとの研究結果を紹介しました。

シンポジウムでは、小田医師のほか、環境省自然保護官や佐渡観光交流機構役員、温泉キャラクターを制作したグラフィックデザイナー、佐渡汽船PR担当がパネリストとして参加し、すべての世代が集う交流の場としての意義が話題になりました。島外から赴任したパネリストたちは「温泉に入ろうとしたとき、お年寄りから湯船への入り方を教えてもらった」「脱衣場でお年寄りからあめをいただきました」との体験を披露していました。

第8章　食材の宝島

佐渡島のスーパーに行くと、今日のネタは――と真っ先に向かうのが鮮魚コーナーだった。長さ30センチほどのタイが1匹398円で無造作に並んでいた。イカやカニ、サザエ、岩ガキ、後述するブリや南蛮エビなどが数百円程度で買えた。これらは島内で水揚げされた天然もので、セール品ではなく、店頭でのいつもの光景だった。後述する養殖カキに至っては2、3人分が一袋298円で売られており、鍋料理に入れたり、ムニエルにしたりして毎日レシピを考えた。約280キロに及ぶ島の海岸線で採れた海藻は多彩で、特産のナガモやワカメ、モズクなどが並んでいたが、中でも冷蔵庫に絶やさずに置いていたのが岩ノリだった。みそ汁やそば、うどん、ラーメンにひとつまみいれるだけで磯の香りと味が広がった。

島北端の海岸に「賽《さい》の河原《かわら》」と呼ばれる洞窟がある。亡くなった子どもを供養する手製の地蔵が所狭しと並んでおり、観光名所になっている。ここを訪ねたとき、近くの海岸で地元の女性がワカメを干していた。その様子を妻が眺めていたところ、その女性から採ったばかりのワカメを頂いた。その場で口に入れたところ、滋養のあるうまみが広がり、食べ慣れてきたワカメとはまったく別のものだと感じた。

あまり知られていないが、初夏にはマグロも水揚げされる。2020年6月のある朝、佐渡市の県漁連荷捌所《にさばき》では約170キロの大物を含む約40匹のクロマグロが出荷された。佐渡島の両津湾に仕掛けた定置網にかかったもので、主に東京・豊洲市場に送られた。内海府《うちかいふ》漁協の本田裕敏組合長は「コロナで世の中は落ち込んでいるが、市場が活気づいたらうれしい」と語った。漁期は6月いっぱいで、40トンの水揚げを目指すという。水揚げされたばかりのクロマグロは島内にも出回る。ある回転寿司店では、とろける赤身が一皿数百円で提供されていた。

同じころ、日本海のマダイを1匹丸ごと使う高級だし作りが、佐渡市の佐渡漁協小木《おぎ》支所で行われると聞いて出かけた。マダイだしを作るのは同支所女性部の15人。高津富子部長（75）によると、郷土の料理文化を伝承しようとトビウオであごだしを生産・販売してきたが、不漁で前年、マダイに切り替えた。すると、約200本が完売。その年の新潟県青壮年・女性漁業者交流大会で優秀賞も受賞した。新鮮なマダイを焼き、40時間乾燥させて完成。尾頭付きのまま1本ずつ袋詰めする。汁物や煮しめ、炊き込みご飯やラーメンの具にも。袋には「コロナに負けずに頑張ります」とのあいさつ文も入れた。1本1500円。コロナ禍による観光自粛で高級魚の需要が激減する中、「コロナに負けまい」との思いが込められていた。

佐渡島の漁業にも佐渡金山が大きな影響を与えていた。鉱山町相川《あいかわ》地区から北に約6キロ離れた姫津港を抱える姫津集落は、江戸時代に前出の代官大久保長安《ながやす》が鉱山町住民の食欲を満たすため、前任地の石見《いわみ》銀山がある石見国から漁師集団を移住させ、はえ縄などの先進漁法を導入し、そのまま今日に至っている地域だ。

佐渡島には日本海の幸以外にも「佐渡牛」や後述する「島黒豚」といったブランド肉、ソーセージ、高原を生かした酪農による乳製品がある。寒冷地ながら温暖な気候を生かし、リンゴとミカンが島内で生産されている。イチジクなどのブランド品もある。

こうした島の食材の背景には、第2章で述べたトキ認証米のように、それぞれに歴史やドラマがあった。

■南蛮エビ

2019年の主要20カ国農業大臣会合は新潟県新潟市で開催された。朱鷺《とき》メッセのレセプション会場には、招待客ら約500人の前に新潟県産の食材が並んだ。その中に佐渡市赤泊《あかどまり》で水揚げされた南蛮エビの姿があった。

南蛮エビは全身赤色で体長13センチほど。正式の名は「ホッコクアカエビ」という。北半球に分布し、国内では日本海が主漁場になっている。新潟県内では佐渡、新潟、糸魚川各市などで水揚げされ、新潟県内の鮮魚店やスーパーで通年、買い求めることができる。「南蛮」と呼ばれた赤唐辛子に似ているので、この呼び名になった。甘みがあり、全国的には「甘エビ」とも呼ばれる。

首都圏で長く暮らした私が新潟県に赴任して出合ったのが南蛮エビだった。それまで食べてきた「甘エビ」と同じと聞いていたが全くの別ものだった。大きさが一回り違う。なにより鮮度がいいため頭《かしら》つきだ。生のまま頭を外して殻の中を吸うと濃厚な甘み。弾力ある身は口の中で溶ける。青い卵も美味だし、残った頭はみそ汁のだしでもいける。すし屋で聞いた楽しみ方だ。佐渡市内のスーパーでは30匹入りパックが198円で売られていた。

日本海の幸がめじろ押しの新潟県産魚介類の中でも、南蛮エビはブランドに数えられている。だが、かつて乱獲から漁獲量が激減して危機的な事態に陥った。減り始めたのは1980年代だった。新潟県水産海洋研究所によると、ピークは1972年の1254トンだったが、1991年には2割の239トンまで落ち込んだ。

新潟県内の漁業者は自主的に資源を管理するため、漁獲制限を始めた。具体的には、

（1）漁に使うエビ籠の網目の幅を決めて小さいエビを逃がす。
（2）漁船ごとに漁獲量の上限を決めたり、漁船に積むエビ籠の数に上限を設けたりする。
（3）禁漁月を設ける。
の3本柱だった。

その結果、2017年は363トンまで回復した。バックアップしてきた新潟県水産課の丸山克彦課長は、取材を受けた2019年時点で「資源水準は悪い状態を脱し、非常に良い水準との中間という状態」と見ていた。

資源管理のモデルとされる佐渡市赤泊の佐渡漁協赤泊支所（組合員約340人）を訪ねたのは2019年5月だった。同支所によると、過去5カ年間の平均漁獲量を支所全体の上限とし、それをもとに3隻ある南蛮エビ漁船ごとに漁獲量を割り当てている。漁場は佐渡海峡下、水深数百メートルの海底だ。そこに餌を入れたエビ籠を置く。籠の網目の幅は通常の3・2センチから3・4センチに広げてあり、大ものだけを捕るようにしている。

赤泊支所の漁獲量は約70トン（2018年5月〜19年4月）。大型の南蛮エビは高値で取引されるので売上高は約1億3千万円だったという。

所属するエビ籠漁船「第五星丸」（19トン、乗組員5人）の船主、中川定雄（77）は穏

水揚げされた南蛮エビ＝2018年10月、佐渡市の赤泊漁港

やかに語った。「漁獲制限は当時の県の担当者から『やってみませんか』と提案されて始めた。漁獲量が減っていたので反対する者はなかったと記憶しています。不安はあったが、ここ数年は量も増え魚体も大きくなった。大きなエビは値段もいいです」

■干しナマコ

コロナ禍前の2020年2月、新潟市の名所萬代橋そばにある新潟グランドホテルの宴会場で「第36回新潟美食倶楽部」というイベントが開かれた。参加した約300人に振る舞われた数々の料理の中で目を引いたのが、高級食材の干しナマコをオイスターソースで煮込んだ「紅焼海参《ホンシャオハイシン》」だった。

後日、試食してみた。皿に盛り付けられたのは5センチほどのナマコそのままだ。丸ごと口に運ぶ。褐色の外見からは想像できない淡泊なうまみが、わらび餅のように滑らかに広がる。生臭さはなく、和食のそれとは全くの別物だが、酒類にも合いそうだ。

ナマコは棘皮《きょくひ》動物の一種だ。世界中の浅い海に生息する。小型漁船による底引き網や潜水などの漁法で捕る。新潟県内でも各地で捕れるが、主要な産地は佐渡島だ。干しナマコを使った料理は中国料理店で注文するしかないが、手間がかかるので早めの予約が必要。新潟グランドホテルでは10日前には予約がほしいという。

2019年、中国料理世界選手権大会で銀賞を受賞した小田雅之・同ホテル中国料理長によると、干しナマコは水でもどす方法が難しい。油に触れると溶けてしまうので調理用ボウルをよく洗い、ぬるま湯を張ってその中に入れる。

料理によって使うナマコの硬さが異なるため、もどし具合を調整しながら、作業に1〜2週間かかるという。「もどし過ぎると、手に取ったとき溶け落ちることもあります」

和食ではナマコを輪切りにするが、中国料理では切ると縁起が悪いとされ、そのまま調理する。グロテスクな外見を嫌って残してしまう客もいるといい、「もどすのに費やした時間を返して！という気持ちになります。健康にもいいし、栄養もあります」と小田は力説する。

その小田が「もどりがいいし、うまみも違う」と一押しなのが、佐渡産の干しナマコだ。製造するシーサイド・ファクトリーの工場は佐渡市二見《ふたみ》の真野《まの》湾沿いにある。

幸田高明常務取締役によると、島内の漁協などから買い付けたナマコを独自の製法で乾燥させる。きっかけは18年ほど前、香港の知人から干しナマコの製造を依頼されたことだった。

干しナマコを煮込んだ紅焼海参＝2020年5月、新潟市中央区の新潟グランドホテル

中国では生ではなく乾燥させたナマコを調理する。在新潟中国総領事館（新潟市）によると、紀元前にはすでにナマコを食べたとの記録があり、明代や清代には滋養効果のある貴重な食材として宮廷料理に用いた。中国名の「海参」は「海の朝鮮人参」から来ている。日本からは、江戸時代にアワビやフカヒレとと

もに輸入したとの文献があるという。

殷達奇《インタッキ》・副総領事は「親孝行したり病み上がりの人へ贈ったりします。1キロ当たり5千元ほど（約8万円相当）しますが」と語る。

日本の干しナマコの輸出は2019年が約156トン、金額にして約103億円。輸出先のトップは香港で、中国本土と合わせると9割以上を占めた（財務省貿易統計）。

新潟県によると、県内のナマコの漁獲量は2006年に約400トンでほぼピークとなり、その後は資源管理の影響もあって2015年は192トンだった。佐渡市では増産の動きが始まっていた。島東部の水津《すいづ》地区では、卵から人工的に育てて海に帰す種苗生産に2019年から取り組み始めた。市栽培漁業センターでは、市から委託された別の事業者が準備を始めた。島の新たな地場産業になるか注目されている。

ところが、2023年8月、日本の水産業に激震が走った。東京電力が福島第一原発の処理水を海へ流し始め、これに反発した中国政府は日本産の水産物輸入を全面的に停止したのだ。ナマコを含む水産業への影響がいつまで続くのか懸念されている。

■カキ

２０２１年2月の朝。寒風の下、佐渡市の加茂湖にはさざ波が立っていた。湖面に浮かぶ筏《いかだ》からは、長さ約6メートルの縄が湖水に垂れ下がっている。そこに、漁師の伊藤隆一（61）が長さ約8メートルのカキ揚げ舟を横付けした。先端に鉄製のフックを付けた竿《さお》を器用に使って縄をたぐり寄せ、巻き上げ機械にセットする。作動させると、殻に覆われたカキが水中から次々と姿を現した。

山盛りのカキを載せ、舟は約５００メートル離れた湖畔の加工場へ。洗浄機で表面を洗われたカキは屋内に運ばれ、殻から取り出されて出荷される。

「種カキの着いたホタテの貝殻を水中につるすのですが、収穫するまでに普通は2年かかる。それが、加茂湖は餌になるプランクトンが豊かなので、1年ほどでおいしく育ちます」と語る伊藤は養殖歴30年。生産者約40人の所属する加茂湖漁協の組合長を務めていた。

新潟県佐渡地域振興局農林水産振興部水産庁舎によると、県内最大の湖の運命が変わったのは20世紀に入ってから。両津湾につなげる工事により、栄養分の多い海水が湖に流入することになり、もともと島の山地から流れ込んでいた良質な水と相まって天然カキが大

筏下の水中から巻き上げられるカキ＝2021年2月、佐渡市の加茂湖

量に発生した。

これに注目して１９３０年代から養殖が本格化した。加茂湖に続き、島の西方の真野湾でも70年代に養殖が始まり、佐渡は新潟県内唯一の養殖カキ産地となった。ピークだった60年代、加茂湖の筏は3千台にまで増え、ひしめく筏の間を歩いて渡れたという。漁業者の高齢化によって今では約４００台まで減り、昨年度の水揚げ高は島全体で約80トンだった。

もちろん、カキをたらふく味わえる店もある。加茂湖に面したカキ料理店「あきつ丸」は、加工場内に店舗を構え、採れたての臭みのないカキで作ったコース料理を提供していた。

佃煮《つくだ》は表面が艶やかでこくがあり、酒がほしくなる。地元の酒蔵と提携して造ったカキに合う純米酒「牡蠣」も提供している。しゃぶしゃぶは、専用の鍋の中でカキが踊りだすまで火を十分通す。臭みはなく、ぷりぷりした食感が楽しめる。殻からとりたてなので、カキフライは殻の中の姿のまま平たい形で揚がっている。殻焼きは、本来の姿のまま味わえる。「カキごはん」には大粒のカキがそのまま入っている。炊き込まれた自家製コシヒカリと野菜に、うまみが共演する。カキ汁も添えられる。

カキを食べ尽くす満足感に浸る。

カキは佐渡島外では主に新潟市に出荷される。直接買うには加茂湖漁協や佐渡漁協佐和田《さわた》出張所へ連絡する。「あきつ丸」は12月〜4月のシーズン終了まで営業。予約が必要だ。

■寒ブリ

回遊魚のブリの群れは東シナ海で孵化《ふか》したあと、春から夏にかけて餌のスルメイカなどを追って日本海を北上する。冷水を嫌うため、秋から冬にかけては逆に日本海を南下する。その途中に浮かぶ佐渡島の両津湾は、あたかも両手を広げたように待ち構える位置にある。荒れた海から湾に逃げ込んだ群れは次々と定置網にかかる。

とくに脂を蓄えた冬場のブリが「寒ブリ」と呼ばれる。水揚げされたブリは佐渡魚市場

水揚げされた寒ブリ＝2018年11月、佐渡市の佐渡魚市場

にずらりと並べられる。刺し身やしゃぶしゃぶ、照り焼きなどで食され、需要が高い。寒ブリは佐渡島の冬の風物詩となり、佐渡市はブリを市の魚に指定している。

年間のブリ水揚げでみると、佐渡市は約１９００トンで新潟県内全体の８割を占める（２０１９年）。富山県の氷見《ひみ》と並ぶ寒ブリ産地の地位を占めてきた。

関係の文献によると、その歴史は明治40年代にさかのぼる。島外の資本家が両津湾の定置網に着目して富山の漁師を投入した。その後、漁法を習得した島民が事業に乗り出し、現在、３事業者が湾内６カ所に定置網を仕掛けている。

新型コロナ禍のため2年連続で中止となったが、佐渡島北端の鷲崎《わしざき》漁港に水揚げした寒ブリを港で即売する「寒ぶり大漁祭り」は例年12月に開催され、島内外から数千人が訪れる観光イベントになってきた。

自然の恵みなので漁獲量には波がある。とはいえ、２０２１年の冬は様子が一変した。新潟県佐渡地域振興局農林水産振興部水産庁舎によると、寒ブリ漁のピークとなる2021年12月までの3カ月間の漁獲量は29トンにとどまり、過去11年間で最高だった2011年の4%、前年2020年と比べても18%しかない深刻な不漁となった。

その原因について新潟県水産海洋研究所（新潟市）は、①北海道沖の海水温が例年より高かったため、寒ブリの群れが日本海を南下する時期が遅れた、②佐渡島北西沖の海水温も例年より高かったため、寒ブリの群れが両津湾には向かわず通り過ぎてしまった――の2点を指摘する。伝統の寒ブリ漁も地球温暖化の影響からは逃れられないのだろうか。

両津湾で3カ所の定置網を仕掛ける内海府漁業生産組合（佐渡市）の幹部は「30年近く寒ブリ漁に携わっているが、こんな不漁は記憶にない。1月に入って数は増えたが、10キロを超える大ブリが少ない。温暖化と、コロナ禍による飲食店需要減というダブルパンチです」と語った。

両津港に近い商店街にあるすし店「いしはら寿し」。店主の石原寿治さん（53）は版画制作でも知られ、魚を題材にした作品などで個展を開いている。

「夏場のブリは刺し身にすると赤い。寒ブリは脂が乗っているので、刺し身にすると鮮やかなピンク色になり、味もまったく違います」と語る。

島内のスーパーでは寒ブリが並び、ヤマト運輸によると、寒ブリ１本をそのまま贈る宅配便が相次いだ。需要は変わらない中、供給減から２０２１年末は価格が高騰したという。

寒ブリの味を引き立てる日本酒「Ｂｒｅａｓｅ《ブリーズ》」が売り出されている。島内にある尾畑酒造が「ブリに合う酒を用意して佐渡産をもっと知ってもらおう」と２０００年秋に発売した。新潟県醸造試験場と協力して、ブリと相性が良く「うまみの余韻を増す」純米酒に仕上げた。

寒ブリの水揚げ高にかかわらず、食文化をめぐる島の風景は変わらない。

■島黒豚

佐渡金山から南に約６キロ。ホテル「Ｒｙｏｋａｎ浦島」にあるフランス料理店「ラ・プラージュ」は、フランス語の「浜辺」の名の通り、真野湾を望む松林の奥にたたずむ。訪れたのは２０２０年10月だった。

日本海の幸をふんだんに使った和食に食傷気味の観光客や地元の人々が訪れるこの店の看板メニューが、「島黒豚のロースト」だ。佐渡金山の土から作る無名異焼の皿に盛り付けられた肉を、肉汁にマスタードを合わせたソースを付けて口に運ぶ。柔らかな肉質からうまみが広がる。豚肉特有の臭みはない。

意表を突かれたのが脂身だ。細かく切って、皿に添えられた佐渡産の塩とコショウを付けて味わう。脂身特有のあくの強さはなく、上品な甘みが印象的だ。赤ワインだけでなく、淡麗辛口の日本酒にも合いそうだ。

シェフの須藤良隆(29)は、ホテルを運営する「浦島」社長の長男で、島内の高校を卒業後、大阪の調理師専門学校に進んだ。長野・軽井沢のレストランに勤めた後、渡仏し、フランス料理界の重鎮ポール・ボキューズ(2018年死去)の本店で1年ほど修業。帰郷すると、開店して間もなかった「ラ・プラージュ」の厨房《ちゅうぼう》に立った。

ボキューズの店で学んだのは、「食材を生かす」という古典的なフレンチだったという。注目したのが、「浦島」の会長で養豚事業も手がけていた伯父の須藤由彦(59)が育てた島黒豚だった。

もともとの品種は英国産バークシャー種。由彦会長は「佐渡島には魚以外の食材が少なかったので、長年、うまい豚肉作りを試行錯誤してきた」と語る。由彦会長が代表を務める「佐渡島黒ファーム」で、2013年から本格的に出荷し始め、今は年に約500頭を生産する。9割は島外のレストラン向けで、残りを島内のホテルやレストランに卸しているという。

新潟県佐渡地域振興局農林水産振興部によると、ブランド化した豚は新潟県内各地で生産されているが、島黒豚の特色は佐渡島にある牧場で放牧されていることだという。

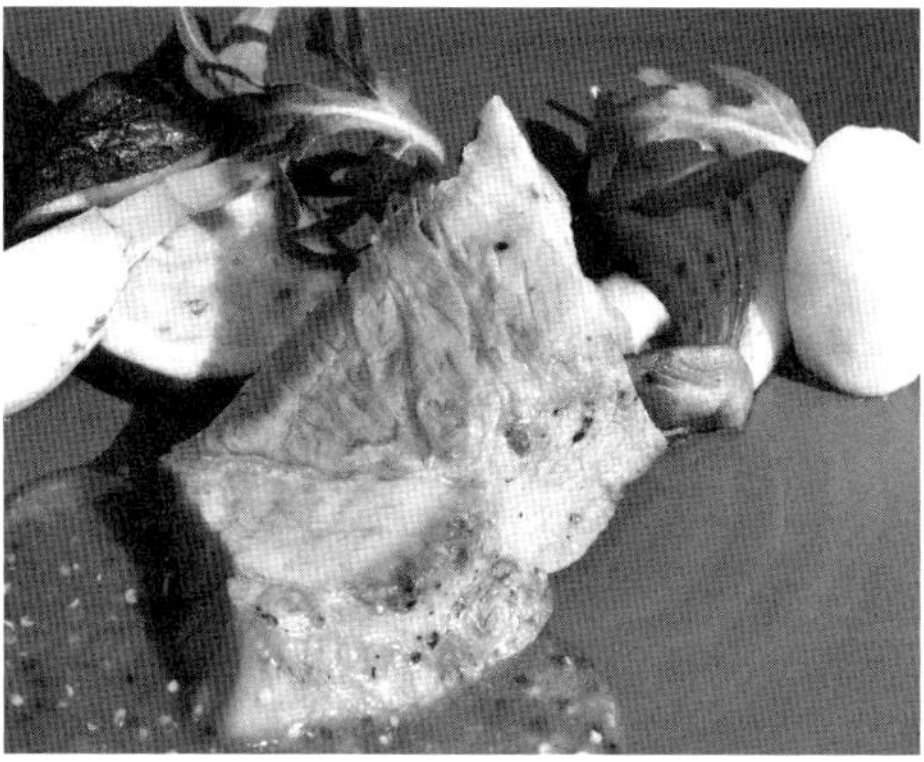

島黒豚のロースト＝2020年10月、佐渡市のホテル「Ryokan浦島」のレストラン「ラ・プラージュ」

由彦会長は「放牧養豚は全国的にも珍しいでしょう。餌にも島内の酒蔵から出る米粉や地元産のサツマイモ、リンゴを加えています。島に来てくれたお客様のために、精肉にして間もない新鮮なものを食べていただいています」。ラ・プラージュで島黒豚を初めて食べた客は、「佐渡にはこんな肉があったのか」と驚く。

ポール・ボキューズの店は、星の数で格付けする『ミシュランガイド』で長く三つ星を保った。『ミシュランガイド新潟２０２０特別版』では、ラ・プラージュは星こそ得られなかったが、基準を満たした料理を示す「ミシュランプレート」に選ばれた。良隆シェフは「さらに改良を重ねて星を目標にしていきたい」と語った。

ラ・プラージュでは、ランチとディナーでローストのほか煮込みやコンフィといった料理でも提供する。Ｒｙｏｋａｎ浦島では、すき焼きにも使う。佐渡市が助成する旅行商品「佐渡冬紀行」では各ホテルで「島黒豚御膳」としてしゃぶしゃぶで登場していた。

■おけさ柿

東京の老舗果物店、銀座千疋屋。２０１９年10月、その店頭でおけさ柿の販売が始まった。同じころ、新潟市の新潟伊勢丹地下１階果物売り場にも丸々と光沢を帯びたおけさ柿が並んだ。台風で佐渡島の産地は被害を受けたものの、10月上旬から本格化した出荷は例年通りで、家庭用のほかに４千円前後の贈答用箱詰めに注文が相次いだ。

おけさ柿は種なしの渋柿で、収穫時期の異なる刀根早生《とねわせ》と平核無《ひらたねなし》の２品種がある。全国に出荷され、百貨店やスーパー、小売店で11月まで販売。濃厚な甘みととろりとした舌触りが特色だ。かつては「八珍柿」と呼ばれたが、「おけさ柿」と名付けられて売り出された。

佐渡島南部のＪＡ羽茂《はもち》選果場。島内の農園から収穫されたおけさ柿が続々と集まっていた。炭酸ガスやアルコールで渋が抜かれ、特有の食味が出るという。ベルトコンベヤーに載せられた柿は作業員の目と点検装置によって傷の有無や色、大きさを選別される。「この夏は暑くて日照時間も長かったので、甘く仕上がっていますよ」と渡辺昌彦営農課長は語った。

新潟県を代表する果物、おけさ柿の歴史は戦前にさかのぼる。佐渡島の旧羽茂村（現・佐渡市羽茂地区）で農村不況から脱出するための振興策として植林され、１９３６（昭和11）年に初出荷された。戦後も増産が続き、生産地も県内に広がった。ＪＡ全農にいがたによると、県内の販売実績は１９９８（平成10）年度に約１万２９００トン、約31億円のピークを迎えた。「おけさ柿」は新潟県産柿すべてのブランド名になった。１９７１年には、農業振興に顕著な業績を上げた農業集団に贈られる朝日農業賞を受賞した。

その成功物語は佐渡金山やトキ野生復帰と同様に「島伝説」として語り継がれ、旧羽茂町誌のタイトルは「おけさ柿物語」となったほどだ。

だが、後継者不足から、この20年で県内の栽培者数は半減、栽培面積も３割減った。２０１８年度の生産量は約６６００トン、販売実績は約15億円だった。１９９６年に設立された羽茂農業振興公社は後継者育成に取り組んできた。全国から参加者を募り、栽培技術の研修をし、就農者を支援する。私の取材した2019年の時点で16人が羽茂地区で農業に就いていた。

ＪＡ佐渡でも、子会社の農業生産法人「ＪＡファーム佐渡」が生産性向上に取り組み始めた。「桃栗三年柿八年」といわれるように、柿は収穫までに長い年月がかかる。加えて柿の木は高いため、脚立の上に立って剪定《せんてい》や収穫などの作業を強いられる。転倒して骨折するといった事故も絶えない。

出荷前に点検されるおけさ柿＝2019年10月、佐渡市のJA羽茂おけさ柿選果場

川上輝雄社長によると、幹に接ぎ木をして枝を横にはわせる「ジョイント栽培」と呼ばれる技術を、3年前の2016年に初めて導入した。渋柿栽培では国内で初めて導入した。ナシ栽培で開発された技術を応用

したもので、2年目から収穫できるようになった上、作業も立ったままできる。2018年、試験的に出荷し、19年も出荷を始めた。

新潟県内の栽培地はしばしば台風に見舞われた。例年、収穫前に強風に見舞われ、枝や葉に触れて表面に傷がついたものは「はね柿」と呼ばれ、加工品の原料に転用される。「とろける甘さ」。こうPRされたおけさ柿ジュースが2018年秋、東京駅ホームなどの47店で1カ月間試験販売され、5万3千本が売れた。JR東日本フードビジネス（東京）では2019年も販売すると語っていた。

私のお薦めの食べ方を付け加えさせてほしい。一口大に切ったおけさ柿に生ハムを巻く。これだけで辛口の日本酒やワインにも合うつまみになる。

《番外編》佐渡島の酒蔵

■佐渡五醸

佐渡島の日本酒についても触れなければならない。淡麗辛口で知られる酒どころ新潟県にあって佐渡島には五つの酒蔵がある。加藤酒造店と逸見、尾畑、天領盃、北雪各酒造だ。

これら5社でつくる佐渡酒造協会は2022年から純米吟醸酒5銘柄の飲み比べができるサービス「佐渡五醸」を始めた。コロナ禍で落ち込んだ需要を回復し、世界農業遺産に登録されている佐渡島の米と水で醸し出された酒を世界に売り込もうとしている。長い歴史を抱える5社だが、協力して製品を販売するのは初めて。この年はインターネットでの限定販売だが、結果を見て通常ルートでの販売も検討すると話していた。

提携するクラウドファンディング（CF）はCFサイト「Ｍａｋｕａｋｅ」だ。ここを利用し、必要な資金を集める。「金鶴」「真稜」「真野鶴」「天領盃」「北雪」の各純米吟醸酒（720ミリリットル瓶）計5本をセットにして1万円で販売するなどしている。佐渡島をデザインした共通ラベルを使用し、脇にはそれぞれの銘柄を記した。

このサービス開始にあたって、佐渡酒造協会長の逸見明正・逸見酒造社長ら5社長らは記者会見した。「杯を重ねるほどうまみが増す」（平島健・尾畑酒造社長）など各社とも「佐渡五醸」向けに特別に醸造した点をアピールした。同席した渡辺竜五市長は「世界に認知されるようにトップセールスします」と励ました。

■学校蔵と日本酒特区

佐渡島の酒蔵の中でも独特の存在が「学校蔵」だ。2010年に閉校した佐渡市立西三川《にしみかわ》小学校の木造校舎を利用し、尾畑酒造が2014年から酒造りを始めた。

学校蔵では毎年1回、夏に「特別授業」が開かれている。私が取材した2019年6月の「特別授業」では、玄田有史・東京大学社会科学研究所教授と出口治明・立命館アジア太平洋大学長、藻谷浩介・日本総合研究所主席研究員を講師に招き、全国から参加した約120人が教室を埋め、廊下まであふれた。

主催は尾畑酒造が中心となった「佐渡地域力幸醸《こうじょう》委員会」で、この年で6回目を数え、テーマは「佐渡島から考える、人が減っても出来ること」だった。玄田教授は東日本大震

学校蔵で開かれた特別授業＝2019年6月、佐渡市の旧西三川小学校

災の被災地を訪れた際、持参したカレンダーが被災者に喜ばれた経験を紹介した上で、人手や金、時間のかかる地域振興策より、人が希望を持って生きていける小ネタが鍵になるとの「KNT《コネタ》理論」を提唱した。出口学長は、大分県別府市の立命館アジア太平洋大学で学ぶ学生の半分は92カ国・地域から来ているという現状を紹介し、「わくわくする、面白いものを作れば人は集まってきます」と語った。藻谷研究員は、前年の日本の輸出額は過去最高だったと述べ、人が減っても、オンリーワンの商品やロボットの活用で増えることがあると指摘した。

佐渡市は2020年、酒造り体験を通じ地域の活性化を図る政府の「日本酒特区」の第1号に選ばれた。その拠点となっているのが、この「学校蔵」だった。どのようないきさつだったのか。

前述のように学校蔵では尾畑酒造が2014年から酒造りを始めた。だが、佐渡市真野新町《しんまち》にある尾畑酒造本社と学校蔵は約8キロ離れているため、学校蔵で清酒を造るには新たに清酒の製造免許を取る必要があった。酒税法では年間製造量60キロリットルが免許の要件だが、これを満たすことは経営上難しかった。そこで、年間製造量6キロリットルが要件のリキュール製造の免許を取得。清酒の醸造過程で香り付けの杉材を入れ、リキュールとして製造販売してきた。

また、学校蔵では、酒造りを学ぶ場として国内外から参加者を受け入れ、前述のとおり、島国の未来を考える「特別授業」を毎年開催。酒造りだけでなく学びの場としての活動も続けてきた。

そんなおり、政府が2019年、清酒の製造場で製造体験をすることで地域の活性化を図る「日本酒特区」を新設した。日本酒特区では、製造体験を行う施設でも清酒を製造できるよう規制が緩和された。

そこに着目した尾畑酒造は佐渡市に日本酒特区への申請を提案。賛同した市が申請し、2020年3月、佐渡市は大分県宇佐市とともに全国で初めて特区に認められた。特区名は「佐渡・学びの日本酒特区」となった。佐渡税務署が学校蔵を尾畑酒造（同市）と同一の製造場と承認し、清酒製造ができるようになった。平島健・尾畑酒造社長は「学校蔵の設立理念は酒造りだけでなく、学びと共生、交流です。日本酒特区となったことで本来の清酒造りができ、それを体験していただけることが一番うれしい」と語った。

日本酒特区の初年となる2020年には、酒造り体験の参加者が仕込んだ初めての純米大吟醸が披露された。酒造体験で地域活性化を図る特区の狙いが実現することになった。酒造りに挑戦したのは電機メーカー大手OKI（東京）が社内で募った社員13人のチームだった。このチームは6月、学校蔵で醸造タンク1基を借り、1週間かけて仕込んだ。完成した酒は「淡麗旨口」の仕上がりで、「挑《いどみ》」と名付けられた。720ミリリットル入りが2190本出来上がった。チームは「顧客に贈ったり、社内で味わったりしたい」とうれしそうに語っていた。

第9章　魅せられた人々

■文人墨客の足跡

荒海や　佐渡によこたふ　天河　（『芭蕉自筆 奥の細道』）

佐渡島は昔から文人たちを引き付けて、短歌や俳句、小説など多くの文学作品の舞台になってきた。佐渡島の郷土史家山本修之助はその著作『文学のなかの佐渡』でまとめているが、登場するのは森鴎外や幸田露伴、与謝野晶子、正岡子規らおびただしい数に上る。序文を寄せた詩人相馬御風は「古来多くの詩人文人たちの感興をそそって来た点で、佐渡ほど強い魅力を持った島は他に多く類を見ない」と記している。

佐渡博物館（佐渡市八幡《やはた》）は2020年、江戸時代から昭和時代までの間に佐渡島を訪れたり住んだりした文人墨客の残した書を集めた「第1回佐渡ゆかりの書展」を開いた。展示されたのは、小説『金色夜叉』を著した作家尾崎紅葉や与謝野晶子、歌人會津八一らの書など約40点だった。これらの作品は島内の個人や博物館、資料館などによって所蔵されていた「お宝」で、一堂に展示されたのは初めてだった。会場を訪れた人々は、いかに多くの文化人が佐渡島を訪れていたかに感じ入っていた。

佐渡島に魅せられた文人墨客の書を集めた展覧会＝2020年７月、佐渡市八幡の佐渡博物館

大正時代に炭鉱王の夫の元から帝大生と駆け落ちし、小説やドラマで取り上げられた「白蓮事件」で知られる歌人柳原白蓮の手による書は、「ながれゆく　水のごとしと　みづからを　おもひさだめて　みる夏の雲」とあった。佐渡と白蓮との縁に詳しい佐渡市の郷土史家山本修巳《よしみ》によると、白蓮が佐渡島を訪れたのは１９５４年。白蓮は鎌倉時代に佐渡に流された公家日野資朝《ひのすけとも》の末裔《まつえい》に当たり、ゆかりの遺跡を巡りながら歌を詠んだと伝わる。

作品の題材として佐渡島に惹《ひ》きつけられたのは画家らも同様だった。

佐渡博物館では２０２１年、佐渡島出身で島に戻って創作活動をした二人の日本画家、恩田耕作（１８９６～１９７４）と酒川哲保（１９０１～９１）の「二人展」も開催した。展示されたのは、恩田作の「段丘」など13点と酒川作の「芥子《けし》」など22点。佐渡博物館によると、恩田は京都で日本画を学び、東京時代を経て戦後、佐渡島に帰って農業の傍ら創作活動を続けた。各地の展覧会で入選を重ねている。

酒川も京都で日本画を学び、戦後島内の小学校長などを務めた教育者としても知られている。

佐渡島では良質の竹がとれたため江戸時代から竹細工が盛んになり、明治時代に美術品として確立した。佐渡博物館は２０１９年、加工してしなやかに曲がる竹を素材に使った壁面装飾やオブジェ、照明などの芸術作品を一堂に集めた「竹芸　本間一秋・秀昭二人展」も開いた。一秋は日展で入選・受賞を重ね、欧米での展覧会にも出品して２０１７年に86歳で亡くなった。展示されていたのは初期のものから遺作まで１０５点。一秋に師事した日展会友の長男、秀昭（59）の作品は15点。作品制作には竹を曲げて編んでいくため、２カ月ほどかかるということだった。

■順徳上皇

流人として佐渡島に流されてきた著名人は数多い。日蓮や世阿弥とともに今でも島の歴史に残っているのは順徳上皇（１１９７～１２４２）だ。順徳上皇は１２１０年13歳（満年齢、以下同）で天皇に即位し、上皇となった１２２１年23歳の時に鎌倉幕府によって佐渡島に流され、島で21年余り暮らした末、帰京を果たさないまま45歳で自ら命を絶ったとされている。

2021年10月、順徳上皇が佐渡島に流されてからちょうど800年を迎えたことを記念した式典が、島民によってつくられた実行委員会の主催で佐渡市で開催された。会場に選ばれたのは、上皇をまつる真野《まの》宮や真野御陵のある旧真野町の真野ふるさと会館で、島内だけでなく、首都圏などに住む島出身者らも駆けつけ、計約140人が歌人として知られる悲劇の帝《みかど》をしのんだ。順徳上皇が島民の記憶の中で生き続けていることを改めて印象付けた。

式典ではまず、若くして天皇に即位し、上皇となった1221年の「承久の乱」に敗れて鎌倉幕府によって佐渡島に流され、この島で亡くなった生涯をビデオ上映でたどった。実行委員長を務めたのは前出の郷土史家山本修巳だった。山本は基調講演に立ち、順徳上皇が島で詠んだ歌を紹介し、帰京を願いながら島で亡くなった日々を振り返った。記念講演に立った中本真人・新潟大学人文学部准教授は、上皇が宮中の恒例や神事、心得などを記した著作『禁秘抄』に焦点を当て、「上皇は学問や管弦、和歌を重視した。この理念は以後の皇室に影響を与え、江戸時代に法として明文化された」と述べた。

順徳上皇の作品が「小倉百人一首」の最後を飾ったことから、実行委員会は、小、中、高校、一般から短歌を募集していた。寄せられた約600の応募作品の中から優秀作を選び、この日の式典で表彰した。

式典には、佐渡出身者でつくる首都圏佐渡連合会の会員20人も参加していた。会長の山本顕男は「佐渡に優秀な歌人が多いのも順徳院の功績」とあいさつした。上皇が佐渡島に

順徳上皇が佐渡島に流されて800年を記念して開かれた式典＝2021年10月、佐渡市の真野ふるさと会館

上陸した際、島民から振る舞われたと伝わる「稗《ひえ》の粥《かゆ》」が会場で調理され、参加者は味わいながら思いを巡らした。

この年には、順徳上皇の生涯を、上皇の短歌とともに描いた『順徳天皇』も出版された。著者は佐渡出身の郷土史研究家山田詩乃武《しのぶ》（62）。出版の動機について「今年は佐渡遷幸《せんこう》から800年にあたり、優れた歌人でもありながら記録が乏しい人物像を浮き彫りにしたかった」と語った。

『順徳天皇』では、上皇が佐渡島に上陸した「恋が浦」で「いざさらば磯打つ波にこと問はむ　沖のかなたには

何事かある」と詠んだという章から始まり、約21年の佐渡島生活を中心に17章で構成している。各章には解説だけでなく、上皇が詠んだ短歌や上皇をしのんだ文人らの作品を網羅している。「師友」の章では、上皇の短歌「百敷きや古き軒端のしのぶにも　なほ余りある昔なりけり」が「小倉百人一首」の最後を飾っている背景を考察している。各章には登場する人物について注釈が添えられ、上皇がまつられている佐渡市の真野宮など、ゆかりの地の写真や系図、年表も付いている。

山田は真野宮のある旧真野町の出身だ。東京の大学で学んだ後、Uターンして学習塾や高校の講師を務めたという。その後、勤め先のある東京と佐渡を行き来しながら、佐渡の文化雑誌『佐渡郷土文化』などに論考を発表してきた。「2年ほどかけて順徳天皇に関する文献を集め、史跡にも足を運んで、語りかけるようにまとめました。小説にもする予定です」と語っていた。

■『世阿弥最後の花』

順徳上皇が佐渡島に流されてから約200年後、世阿弥が佐渡島に流されたことは第3

章で述べた。佐渡島での世阿弥の暮らしぶりと演能を再現しながら、その内面を掘り下げた小説『世阿弥最後の花』が２０２１年に出版された。筆者は新潟市出身の芥川賞作家藤沢周だ。この作品では、世阿弥が美しい島の自然に魅了され、住民や寺の住職らと心温まる交流を重ねる姿が生き生きと描かれている。雨乞いの能を演じて実際に雨を降らせたり、順徳上皇をしのぶ能を創作したりという逸話が詳細に描かれ、能に詳しくない読者にも能役者の世界が分かりやすくイメージできる筆致となっている。

■佐渡版画村美術館

佐渡島には全国でも珍しい版画作品を専門に展示している佐渡版画村美術館（佐渡市相川《あいかわ》米屋町）がある。前出の鉱山町の一角、佐渡奉行所の近くにあった旧裁判所庁舎を使っている。この木造建築は１８８８（明治21）年に建てられ、赤れんがの塀に囲まれた重厚な建物がかつての裁判

佐渡版画村美術館＝2018年11月、佐渡市相川米屋町

所の雰囲気を伝えている。

絵画の題材には事欠かない佐渡島にはかつて数百人ともされる版画愛好家がいて「版画の島」の別名があった。指導したのは、佐渡島出身で島内にあった新潟県立両津高校の教師を勤めながら版画制作を重ねた高橋信一（1917～86）だった。高橋は画壇で受賞歴を重ねる一方、生徒や島民に版画の指導を続け、それが「版画村運動」となり、佐渡版画村美術館の設立につながった。現在でも門下生たちが運営し、島内外の版画家に作品発表の場を提供し続けている。

個展を開いた中川順子・佐渡版画村理事長＝2018年11月、佐渡版画村美術館

2021年11月には、佐渡市美術展に審査を受けずに出品できる「無鑑査者」の版画を一堂に集めた展覧会を開催した。展示されたのは9人の版画家による計18点。これら9人は佐渡市展で市長賞を含む3回の入賞を飾って優れた制作者に認定され、以後無審査での出品となっている。美術展への出品機運を高めようと初めて企画された。

はんが甲子園に全国から参加した高校生たち＝2019年３月、佐渡市内

「版画の島」では高校生による全国コンテストも毎年開催されている。佐渡島の自然や文化、風物を題材にした版画の出来栄えを競う「全国高校版画選手権大会」（実行委員会主催）、通称「はんが甲子園」だ。２０２０年の大会はコロナ禍で中止となったが、２０２１年３月に開催された21回目のはんが甲子園には団体と個人の両部門に14道府県から27校が参加した。団体部門は、予選を通過した14校が本戦を競った。コロナ禍前には、参加校が佐渡市内で一堂に会して、取材、制作してきた。しかし、感染対策のため、従来の方式はとらず、大会スタッフが代わりに島内を動画撮影し、それをもとに各校で制作した。最高賞の文部科学大臣賞には大阪府立港南造形高校（大阪市住之江区）の作品「トキ渡り」が選ばれた。この作品は、島の山仕事を担う女性たちの様子を版木

さどの島銀河芸術祭の出品作「状景を紡ぐ」＝2021年8月、佐渡市の大間港

に彫る江戸時代の彫り師を描いた。背景にはトキが舞う自然や島の文化も盛り込んだ。版画部に所属した3年生3人が制作した。その一人は「自分たちが制作に本気で向き合っていることを絵にしました」と喜びを語った。審査員長の小林敬生・日本版画協会理事は「メッセージ性が強く、技術的にもずば抜けている」と評価した。受賞作品は佐渡版画村美術館で展示された。

■島を舞台に芸術祭

２０２１年には佐渡島内の約20カ所を舞台にした「さどの島銀河芸術祭２０２１」が開催された。島の文化や歴史、自然を再発見しようと２０１６年から始まった催しで、８月から10月まで作品の展示やイベント、公演が繰り広げられた。

かつて佐渡金山から鉱石を運び出した国史跡大間港（佐渡市相川柴町《しばまち》）には、金網と岩石で構成されたらせん型の立体作品「状景を紡ぐ」が展示された。早稲田大学の古谷誠章・藤井由理研究室と小岩金網の共同作品だ。金山で使われた排水用の揚水機を想起させるもので、背景となるクレーンの台座や橋脚といった産業遺産も作品の一部に含んでいる。

古民家いろり宿「長蔵《ちょうぞう》」（同市山田）に展示した「かみとかみとかみと」は、島に伝わる和紙と韓紙を障子の枠に貼り付けて構成した。作者の韓国人アーティスト、ハ・ジョンナム（47）は「境界が合わさり往来する空間で、この地への敬意を表し、未来への希望を込めた」と語った。

■佐渡島を舞台にしたベルリン映画祭出品作

佐渡島の風物は映画やテレビ番組にも題材を提供してきた。

2018年には、延べ100人規模の佐渡島民が出演者やエキストラなどで協力し、全編を島内で撮影した映画「Blue Wind Blows」がベルリン国際映画祭に出品されて好評を得た。

出演した島の少年少女とともに取材に応じる富名哲也監督（右から２人目）と畠中美奈プロデューサー（右端）＝2021年12月、佐渡市内の上映会場

コロナ禍の影響で国内での上映は延期となったが、２０２１年12月、ようやく全国で初めて佐渡市内で上映された。詰めかけた約６００人の島民を前に、富名哲也監督と妻の畠中美奈プロデューサーは「みなさんのご後援がなければ、完成できませんでした」とあいさつした。

作品は、島の海岸集落に住む小学生の兄妹と母親（内田也哉子）にまつわるストーリー。行方不明になった父親が化け物にさらわれてしまったと思っている兄と家族の話で、老人（内田裕也）や母親の友人（萩原聖人）、兄の友達らが登場。佐渡島の景勝地や名産の塩、伝統芸能といった風物を織り交ぜながら、ゆっくりと幻想的な物語を紡いでいく。

約90分間の上映が終わると、画面に心を引き込まれていた観客は一瞬の間を置いて大きな拍手を送った。佐渡市内に住む自営業の男性（74）は「見慣れた島の風景が異なって表現されて驚いた。こんなに素晴らしい所に住んでいるのかと、ふるさとを再発見した。監督とプロデューサーに感謝したい」と語った。

富名監督によると、２０１７年に佐渡島各地で約３週間かけて撮影した。２０１９年に亡くなったロックシンガーの俳優内田裕也は、也哉子との父娘共演となった。内田父娘と萩原らを除く出演者については公募で選んだ。主役の兄を演じた田中日月（16）は、佐渡市内の新潟県立羽茂高校2年生で、第4章で紹介した郷土芸能部に所属していた。「映画制作を技術面で支える方が楽しいかな。将来の夢は模索中」と話していた。田中の実の妹で、作品中でも妹役を演じた椿（14）は、市内の中学2年生になっていた。「将来はお百姓さんになりたいです」と夢を語っていた。

富名監督はこの映画の撮影のため初めて佐渡島を訪れた。「神秘的なものを感じ取った。佐渡の風景がなかったら、映画は完成しなかった」と振り返った。次回作も佐渡島を舞台にする予定で、佐渡金山を題材に撮影すると抱負を語っていた。

コラム⑤　台湾との縁

トキの野生復帰事業では中国との協力が欠かせませんでした。一方、佐渡島には台湾とも長くて深い縁があります。

コロナ禍前の2019年、佐渡市への海外観光客の半数以上を占めたのは台湾でした。その台北駐日経済文化代表処（東京）の謝長廷代表が2020年11月に佐渡市を訪問しました。佐渡島の出身で戦前に台湾製糖を創業して初代支配人を務め、後に農林相も務めた山本悌二郎（1870〜1937）の胸像を視察して佐渡島民と交流するためでした。

この胸像は、山本悌二郎の出生地に近い佐渡市真野《まの》行政サービスセンター1階ロビーに常設展示されていました。佐渡市によると、胸像は台湾を代表する美術家、黄土水の作。制作から90年ほど経過しているため、近く国立台湾美術館で修復後、同美術館に貸し出して展示される予定という説明でした。謝代表はこのセンターで渡辺竜五市長とも面談しました。島への訪問は今回が4年ぶり2回目で、「山本悌二郎は台湾に製糖会社をつくりました。胸像を架け橋にさらに交流が深まることを期待します」とあいさつしました。

佐渡市と台湾の間を仲立ちし、台湾一行の案内役を務めたのは若林素子さん（65）でした。若林さんは台湾・雲林県の出身で台湾名は張素真（チャンスーシン）といいます。20代のとき舞踊団のジャズダンサーとして来日公演し、受け入れ役の日本人の夫（69）と知り合って結婚。夫の実家のある佐渡島にやって来て1男3女をもうけたそうです。

山本悌二郎の胸像と謝長廷・台北駐日経済文化代表処代表＝2020年11月、佐渡市の真野行政サービスセンター

長男が通っていた保育園のママ友らにジャズダンスを教えるようになり、1987年、島内でダンス教室「スタジオPAL」を開設。子どもたちにも指導してきました。「教え子は千人を超えるでしょうね」といいます。1999年に台湾で大地震

が起きたときには、彼女の故郷も大きな被害を受けました。「芸術で復興を支援しよう」と佐渡芸術舞踊団を結成し、翌2000年、台湾で慰問公演をしました。以後、佐渡と台湾の交流公演を重ねてきたのです。「若い人たちにはこのご縁を引き継いでほしいです。台湾人の私が台湾を思うのは当然。一方、子どもたちは佐渡島で生まれ育った。私にとっては両方とも、とても大事なの」と語っていました。

佐渡島には台湾からの留学生もいました。佐渡市には全国でも珍しい宮大工を養成する「伝統文化と環境福祉の専門学校」があります。その伝統建築学科3年生、曽耀毅《そうようき》さん（35）でした。曽さんたち3年生9人は、卒業記念に半年かけて社《やしろ》を作り上げました。社は幅、奥行き、高さがいずれも約1・5メートル。間口が2カ所あり、屋根が反っている「二間社流造《にけんしゃながれづくり》」。指導した教諭によると、江戸時代に編纂《へんさん》された伝統建築の本「匠明《しょうめい》」をもとに制作したそうです。木材には佐渡島産のアテビを使ったということ。2020年11月の落成式で、3年生を代表してあいさつに立った曽さんは「いい勉強になり、いっそう伝統建築に興味を持ちました。この仕事に携わることのできる喜びを感じます」と述べていました。

第10章　伝承

■米作りから生物多様性を体験した小学生

トキの餌となるドジョウやカエルなどを確保するため、農薬や化学肥料を半減させた田んぼで栽培される米「朱鷺《とき》と暮らす郷《さと》」については第2章で述べた。トキの野生復帰に欠かせないこの米作りを生産農家の指導を受けながら体験した佐渡市立八幡《やはた》小学校の5年生14人が2019年3月、収穫した米の売上金を「トキを増やすために使ってください」と佐渡市に寄付した。指導教師によると、総合学習として前年度に続き、5年生全員の14人で取り組んだ。

学校の近くで「朱鷺と暮らす郷」のコシヒカリを生産している加藤慎一（70）の協力を得た。児童たちは前年5月に加藤の田んぼで田植えをし、10月に稲刈りをした。その一人の女子児童は「機械を使わないで手作業でした。稲刈りは腰が痛くなりました。トキがもっと増えてくれれば」と話した。指導した加藤は「農作業を経験している子が未経験の子を手伝って率先して米作りをしていた」と感心していた。

約90キロの米が収穫できた。児童らは同小文化祭でのバザーで「八幡っ子米」と名付けて売った。その売上金3万9500円を三浦基裕市長（当時）に手渡した。

児童たちは自分たちが手がけた田んぼで生き物調査も行った。市長から感想を尋ねられ、子どもたちは「ナメクジやカエル、オタマジャクシもいた。カエルの卵もあった」などと口々に答えた。引率した教師が「それをなんと言いますか?」と問いかけると、児童から「生き物の多様性」との答えが返ってきた。教師は「トキと人が一緒に生きていけることを『共生』といいますね」とつないだ。

子どもたちが寄付した売上金は佐渡市トキ環境整備基金に託された。使い道について市の担当者は「トキの餌場や巣を守る木を整備したり、トキの野生復帰を広く知ってもらう広報やセミナーに使ったりします」と説明。市長も「大事に使わせてもらいます」と語った。

■トキとの共生と民話の伝承

国内産が一度は絶滅したトキは、どのようにして佐渡で野生復帰できたのか。それを学び、伝える教育が佐渡市立行谷《ぎょうや》小学校で約20年続いていた。2019年5月、児童たちは、修学旅行で訪れた福島の小学生と交流し、トキの生態や環境保全への取り組みを一緒に学んでいた。

「トキの顔の色とくちばしの色は何色でしょう?」「トキが1日に食べるドジョウの数は?」。佐渡市新穂長畝《にいぼながうね》のトキの森公園で行谷小の6年生が、福島県会津若松市立川南《かわなみ》小学校の6年生9人に呼びかけた。行谷小の6年生33人が案内する形で、飼育中のトキや、トキ保護の歴史を解説するトキ資料展示館を一緒に見学した。ときおり立ち止まると、手作りの資料も用いてトキの生態や歴史をクイズ形式で分かりやすく説明していた。同校で続く「トキ学習」の一環だ。

島外から来た小学生たちにトキの生態について説明する行谷小学校の児童＝2019年5月、佐渡市のトキの森公園

行谷小はトキ野生復帰事業の拠点となっている新穂地区にあり、自然環境への理解を深める狙いでトキ学習をしている。同校によると、トキ学習が始まったのは1999年ごろ。第1章で述べたように、中国から提供されたトキのペアから初めて人工孵化《ふか》に成功し、野生復帰に向けて前進した時期だ。川南小とも2000年から毎年交流を続けているという。

行谷小の男子児童は「佐渡の自然ってすごいなー、って思ってもらえればうれしいです」と話していた。

夕づる集会で演技する児童たち＝2021年11月、佐渡市両津総合体育館

4月には、環境省自然保護官を講師に招き、在校生65人がトキの生態や環境保護活動を教わった。学ぶだけではなく、中高学年の児童はトキの森公園を訪れた観光客らに学んだ内容を解説し、学習の成果を「披露」した。トキの餌場作りといったボランティア活動もしてきた。同校は1965年、傷ついたトキを校内で飼育したことでも知られる。

トキ認証米づくり体験やトキ学習、トキガイドは、市内の他の小学校でも実施されていた。

島の小学校では第3章で述べた郷土芸能学習に加え、郷土の文化を体験して学ぶ取り組みも行われてきた。

2021年に創立100周年を迎えた佐渡市立加

茂小学校。11月に「第38回夕づる集会」が同市両津総合体育館で感染対策を講じて行われた。劇作家木下順二が島に伝わる民話から書き上げた戯曲「夕鶴」をもとに、同校が創作した音楽劇を、約170人の児童全員が分担して叙情詩の舞台を創り上げた。同校では郷土の文化を学ぶために1984年から毎年実施してきた。傷ついた鶴を助ける男役や、妻となり美しい布を織って恩を返す鶴役はオーディションで選ばれた6年生が担い、会場狭しと歌って舞った。

1年生も子ども役で登場。あいさつやナレーター、合奏、合唱、照明、舞台装置などすべてを児童だけでこなし、練習の成果を発揮した。観客席の保護者や来賓ら約500人からは大きな拍手が送られた。

■島の若者たち

佐渡島にある新潟県立の中高一貫校、佐渡中等教育学校（佐渡市梅津《うめづ》）と地域団体によって取り組まれた「佐渡を豊かにする中等生プロジェクト」が、2019年度の総務省「ふるさとづくり大賞」の団体表彰を受けた。自然や海、食材といった島の魅力を再発見するイベントを、生徒の企画によって実施した点が評価された。

佐渡島には大学がない。高校を卒業すると大半の若者が進学や就職で島を去る。その多くがふるさとの魅力を十分知らないのではないか。島のよさを認識するとともに、島にないものをつくり出す人材に育ってもらいたい。そう考えた同校と、地域おこし協力隊員らでつくる佐渡キャリア教育ネットワークなどの団体が協力して2017年から始めた。

同校の記録や指導に当たった教師によると、参加したのは4、5年生（高校1、2年に相当）の有志。イベントごとに異なるチームを編成し、実施したイベントは2017、2018の2年間で六つになった。

生徒たちがSNSで10代、20代の島民にアンケートしたところ、「佐渡で過ごす休日はつまらない」との回答が70％を超えた。そこで17年4月、桜が見頃となった神社の境内を借りて野外カフェを開いた。生徒は「インスタ映え」を狙ってレンタルの着物をまとい、地元商店の協力でスイーツや雑貨を販売した。事前のPRも生徒が担当した。約200人の市民が訪れ、1万5千円の利益が出た。

「佐渡には何もないとスマホばかりみている若者の視線を佐渡の自然へ」との取り組みも企画した。SNSのアンケートでは「フェス（音楽）」を望む声が多かったため、同年

7月には島の浜辺にステージを作って音楽DJライブを開催した。ビーチサッカーや海辺でのバーベキューコーナーも提供し、約100人が楽しんだ。

同月下旬には、きれいな海をアピールしようと、佐渡では珍しい海上アスレチックイベントを企画。募金と協賛金を募って業者からウオータースライダーを借りて浅瀬に設置、約120人が事故もなく参加した。

2018年4月と12月には、佐渡の食材の魅力を知ってもらおうと、市内のホールを借りて1日カフェを開いた。地元産のイチゴやル・レクチエ、レモン、米粉を使ったタルトなどのスイーツを作って販売。食材は地元の農家から仕入れ、市内のシェフに指導を受けた。

生徒たちからは「佐渡は田舎だから好きじゃないと思っていたが、自然の美しさや人々の温かさなど、気付かないでいた豊かさを学んだ」「学生だからできない、と諦めるからできないと実感した」といった感想が寄せられたという。

当初から協力した佐渡市の移住コーディネーター熊野礼美（38）は「生徒さんたちに助言はしたが、業者との交渉も含めてすべて試行錯誤で生徒たちがつくりあげました。自分たちの活動が全国的に評価されたことで自信につながるのではないでしょうか」と喜んでいた。

総務省によると、ふるさとづくり大賞は1983年度に創設された。今回の表彰については、「生徒たちが島の課題とビジョンを主体的に考え、地域の大人と一緒にアイデアを形にした。ふるさとの魅力を再発見し、誇りを持つきっかけとなる非常にユニークな取り組み。今後のいっそうの展開が期待される」と評価したという。

■『村に立つ教育』

佐渡島での教育活動の歴史をひもといた『村に立つ教育』という本が2019年に出版された。佐渡島南部の旧羽茂村《はもち》（現・佐渡市）で戦前から戦後にかけて、村の未来を託そうと展開された教育実践の足跡をたどったものだ。

著者は佐渡市出身で新潟市在住の元中学校教師、知本康悟《ちもとこうご》（64）だ。知本は教員を35年間勤め、旧羽茂村にある佐渡市立南佐渡中学校の校長を最後に2015年に退職。その後、新潟大学大学院で地域教育史を専攻し、旧羽茂村の教育史を研究した。

戦前、羽茂村の教育拠点となったのは、村が開いた羽茂農学校（現・新潟県立羽茂高校）

だった。第8章で紹介したおけさ柿の特産化による村おこしを進めるため、農業の近代化や人材育成を目指した。戦後も村では教育が重んじられる。同書によると、教員養成のために本土の学校で学ばせる制度を設けたり、青年団が独自に研修会を開いたりした。母親たちも「まず大人が学ばねば」と「母の会」をつくり、読書会を催した。

島では当時、教育の持つ力に懐疑的な見方もあった。だが、水不足に悩む地域で教員の提案による井戸掘削が成功すると、「学問」が見直されたという。そんなエピソードも交え、旧羽茂村を挙げた教育の取り組みを著した。知本は、同書で「命を育み人を育てる場をつくろうと模索している人々の、少しでも力にしてもらえるならという思いで、ここまで書いてきた」と記している。

帯紙には、思想家の内田樹が「羽茂村の人々にできたことが私たちにもう一度できないはずはない」との一文を寄せていた。

■島の起業家たち

2019年の年末、佐渡島・両津港に近い公民館の一室は熱気に包まれていた。「古民家を利用し、泊まり客がわくわくするゲストハウスを経営したい」。島での起業を目指し、東京からやって来た男性会社員(26)が熱弁を振るった。

起業した会社の入る旧旅館で語り合う榎崇斗社長(左から3人目)=2019年12月、佐渡市中興乙

起業希望者による事業計画の説明会だった。主催したのは、島での起業を支えてきた民間団体「NEXT佐渡」だ。計画を有望と認めれば支援を惜しまないが、審査は甘くない。「補助金に頼らない方がいい」「自転車操業にならないか?」――。男性の説明を聞いた40人の出席者が、疑問や指摘を次々とぶつけた。

NEXT佐渡は、榎崇斗《えのきたかと》(45)を中心に若手経営者たちが新潟県や佐渡市、銀行などと5年前に立ち上げた組織だ。この時点で、ITや税理士法人、不動産、植木店の計7社の起業や佐渡への進出を支援し、実現していた。

榎自身もウェブ制作会社「taneCREATI

VE」（佐渡市中興乙《なかおき》）の社長だ。設立から8年、売上高約1億5千万円、社員23人の会社に育てた。本社があるのは古びた木造家屋だ。江戸時代から続く老舗旅館だった空き家を借りた。玄関の引き戸には、米の高騰を巡る明治時代の騒動でできたと伝わる傷が残る。近くには第3章で述べた金井能楽堂があり、周辺には順徳上皇御所跡や世阿弥ゆかりの寺がある。

玄関脇のロビーには佐渡名物のたらい舟を逆さに置き、テーブル代わりに用いている。建物には、同社だけでなくNEXT佐渡の支援を受けた4社も陣取る。佐渡島には戦国時代の城跡が残るが、ここはベンチャー企業の居城となっている。

榎はここでの経営の傍ら、「失敗する人を見たくない」と起業支援に力を入れてきた。佐渡市認定「企業誘致コーディネーター」の第1号だ。

人口流出、高齢化、不便な交通と、一見、起業や企業進出とは縁遠そうな離島には、追い風が吹いていた。2017年、領海保全を目指した有人国境離島法が施行され、国や自治体が離島振興策を積み増すようになったのだ。

佐渡でも、市が起業に年最大450万円、事業拡大企業に年最大1200万円を補助している。市によると、対象は延べ65社に上ったという（2019年時点）。

佐渡島では都市と比べて人件費は安く、離職率も低いといわれる。目立つ空き家は社屋に再利用できる格安物件だ。商圏となる都市との距離はインターネットでカバーできる。冒頭のＮＥＸＴ佐渡による事業説明会には、大手ＩＴ企業出身のコンサルタント会社経営者も参加し、計画を説いた。

起業家やベンチャー経営者から静かな注目を浴びる佐渡。その中心にいるのが榎だった。佐渡島生まれ。高校を卒業すると島外に進学するという、島での典型的な青春を送った。関西の大学と法科大学院に進み、新聞配達で学資を稼ぎながら法律家を目指した。テレビゲーム機を買ってもらえず、小学生の時に独学でプログラミングを学び、ゲームを自作したという。視線の向く先は法曹からＩＴ業界に変わり、東京のウェブ制作会社に就職。その後、独立した。

技術もビジネスモデルも日進月歩のＩＴ業界。自身の成長過程で生かせたのは、条文の丸暗記ではなく、法律ができた背景や経過から理解する「リーガルマインド」の思考法だ。榎は「この業界では、本に書いてある成功事例はすぐに古くなってしまう。勝ち抜くには自ら仮説を立てて検証していくしかない。リーガルマインドで培った本質を求めるやり方です」と語っていた。

NEXT佐渡には、佐渡市幹部や衆院議員、佐渡市議らも名を連ねる。年千人のペースで人口が減る島の復興を、榎らに託したいという姿勢がにじんでいた。

◇

少子高齢化はこの島だけでなく全国的な問題だが、離島にはことさら重くのしかかっている。大学のない佐渡島では、高校生たちのほとんどが島外の大学や専門学校に進む。そしてそのまま島の外で就職して家庭を作り、島には戻ってこないケースが多い。ある会合で住民の一人が「子どもたちには『この島はやがて沈むから戻ってくるな』と言ってるんです」と話していた。

しかし、この不思議な島の歴史を知り、特有の文化や多彩な芸能を受け継ぎ、環境を守ることの意味を身をもって学ぶ子どもたちと、それを伝え続ける教育の伝統が島には生きている。そうである限り、私には行く末を悲観する気になれない。それが3年半佐渡島で暮らしながら取材を重ねた一記者の思いだ。

おわりに

第8章で登場した加茂湖畔は、私の好きな散歩コースでした。犬を連れて歩いていると湖畔に広がる田んぼで、3回に1回は餌をついばむトキの群れと出合いました。背後には金山を抱える大佐渡山地が四季折々の姿を見せていました。

佐渡島ができたのは太古の地殻変動による偶然でした。そこに、金鉱脈があったのは奇跡のように思えます。その金山を統括するため、芸能に通じた人物がたまたま代官として派遣され、その結果、能楽や鬼太鼓《おんでこ》の文化が島に根付きました。鉱山町の需要を満たすための農地が開拓され、それが400年後のトキの野生復帰に大きな役割を果たすことになったのも、農薬と化学肥料を拒んだ農業を実践し続ける島民たちがいたことも、芸能の島に若者たちが引き付けられて世界的な太鼓芸能集団ができたのも、いずれもこの島の伝説となっているように思えてなりません。読んでいただいたみなさまがそのような佐渡島の全体像をイメージできれば幸いです。

この本は朝日新聞に執筆した記事をもとに加筆して再構成したものです。写真については、ご提供のものを除いて私が撮影した未発表のものです。出版に際しては、新潟日報社執行役員東京支社長・鶴間尚氏と新潟日報メディアネットメディアビジネス部出版グループ部長・佐藤大輔氏にお世話になりました。お二人の尽力がなければこの本の出版はかないませんでした。

取材にご協力いただいた佐渡島内外のみなさまには心からお礼を申し上げます。

ご支援いただいたUX新潟テレビ21佐渡駐在・谷口克一氏や朝日新聞新潟総局・支局の仲間たち、そして20代から伴に歩み島では取材助手も務めてくれた妻昌代に感謝します。

2023年9月

著者紹介

古西 洋（こにし よう）

1955年東京生まれ。早稲田大学政治経済学部卒業後、朝日新聞社入社。社会部で主に司法やメディアを担当する。その後司法担当の論説委員を務め、裁判や事件、司法改革などの社説を執筆。2012年、記事審査室長を最後に退職。同年6月、UX新潟テレビ21（本社・新潟市）取締役就任。2018年、常務取締役退任後、朝日新聞社に復職、佐渡支局長として佐渡に赴任。2022年、佐渡支局長を最後に退職し、フリージャーナリストとして活動。

【著書】以下いずれも共著

『ルポ自粛―東京の150日』『孤高の王国　裁判所』『代用監獄』『被告席のメディア』『権力報道』（以上、朝日新聞社）、『東アジア　新時代の海図を読む』（石風社）、『言論の不自由』（径書房）

島伝説《しまでんせつ》　不思議《ふしぎ》の島《しま》佐渡《さど》をたどる

2023（令和5）年10月12日　初版第1刷発行

著　　者　古西　洋
発 行 者　中川　史隆
発 行 所　新潟日報メディアネット
【出版グループ】
〒950-1125
新潟市西区流通3丁目1番1号
TEL 025-383-8020　FAX 025-383-8028
https://www.niigata-mn.co.jp
印刷・製本　株式会社　小田

定価はカバーに表示してあります。
落丁・乱丁本は送料小社負担にてお取り替えいたします。
ISBN978-4-86132-839-8